KARL MARX

Colección
Grandes Biografías

© EDIMAT LIBROS, S.A.
C/ Primavera, 35 Pol. Ind. El Malvar
Arganda del Rey - 28500 (Madrid) España
www.edimat.es

Título: *Karl Marx*
Diseño de cubierta: *Juan Manuel Domínguez*

Dirección de la obra:
FRANCISCO LUIS CARDONA CASTRO
Doctor en Historia por la Universidad de
Barcelona y Catedrático

Coordinación de textos:
MANUEL GIMÉNEZ SAURINA
MANUEL MAS FRANCH
MIGUEL GIMÉNEZ SAURINA

ISBN: 84-8403-862-9
Depósito legal: M-29690-2003

Imprime: *LAVEL Industria Gráfica*

IMPRESO EN ESPAÑA - PRINTED IN SPAIN

INTRODUCCIÓN

Karl Marx, uno de los políticos, filósofos y economistas que más han influido en la historia contemporánea del mundo. ¿Por qué? Esto es lo que intenta contestar la biografía que hoy tiene en sus manos el lector, bien sabido que no lo hará exhaustivamente por imposibilidad de espacio material y porque el tema no ha agotado todavía sus posibilidades, a pesar de los numerosísimos estudios realizados y de las revisiones llevadas a cabo una y otra vez de sus doctrinas.

Pero, ¿quién fue Karl Marx, «el hombre»? Creemos que desvelar su personalidad es tan importante como analizar su obra. Él fue el protagonista, el sujeto agente y a la vez «superpaciente» de la misma. Y con él su entorno: el hombre y su mundo; Engels, el abnegado amigo y colaborador, sin cuya ayuda quizá hoy no se hablaría de «marxismo», y la familia del propio Marx. Aquí se cumple más que nunca el refrán francés de que «detrás de un gran hombre hay siempre una gran mujer», y esa mujer fue Jenny von Westphalen, la gran inspiradora de un gran número de poemas escritos por Marx en su juventud, pero también la silenciosa sacrificada, para que el filósofo «pudiera pensar».

La Revolución Industrial, necesaria, aceleró el progreso de la humanidad como no había tenido lugar desde el Neolítico y desde la época de los grandes descubrimientos geográficos, pero trajo consigo un trauma profundo en la vida del obrero y en la de su pariente, el campesino humilde. Filósofos o pensadores, economistas y, en menor grado, desgraciadamente, políticos, intentarán resolver el problema, soñando con una sociedad ideal, mejor y más igualitaria.

Y a la cabeza de toda esta pléyade de figuras con mayor o menor éxito, se colocará Karl Marx, sacrificando incluso a su familia, en aras de sus altos ideales.

Marx gustará o no gustará, se podrá estar conforme o no con su doctrina, pero lo que no se puede hacer es intentar «pasar olímpicamente» de su figura y su contribución al desarrollo de nuestra historia y sociedad, como se intentó hacer, desde la legalidad, en la España de 1939 a 1975.

Su pensamiento puede estar hoy anticuado o hallarse en revisión, pero no se puede negar que muchas de las conquistas conseguidas por el obrero, el trabajador agrícola o el empleado de Servicios, se deben a su tenacidad y constancia, entre, o por encima de otros muchos. La Historia, con razón puede dividirse en «antes y después de Marx». Veamos ahora por qué...

Bibliografía

La mayoría de las obras de Marx han sido traducidas al castellano, pero no existe una edición de sus obras completas en dicho idioma. Varias editoriales se han ocupado de ellas. Así, Aguilar (Madrid); Akal (Madrid); Crítica (Barcelona); Edicions 62, en catalán (Barcelona); Fundamentos (Madrid); Grijalbo (Barcelona); Progreso (Moscú); Siglo XXI (Madrid).

Obras sobre Marx

BERLIN, I.: *Karl Marx*, Alianza Editorial, Madrid, 1973.
BLUMENBERG, WERNER: *Marx*, Salvat, Barcelona, 1987.
BRUHAT, J.: *Marx-Engels. Biografía crítica*, Martínez Roca, Barcelona, 1975.

CALVEZ, JEAN-YVES: *El pensamiento de Carlos Marx*, Taurus, Madrid, 1958.

CORNU, A.: *Karl Marx et Friedich Engels*, PUF, París, 1957-1970 (4 vols.).

FROMM, E.: *Marx y su concepto del hombre*, Fondo de Cultura Económica, México, 1967.

HARNECKER, MARTA: *Los conceptos elementales del materialismo histórico*, Siglo XXI, Madrid, 1982.

KORSCH, KARL: *Karl Marx*, Ariel, 1975.

LEFEBVRE, H.: *Síntesis del pensamiento de Marx*, Hogar del Libro, Barcelona, 1982.

LENIN, V. J.: *Sobre Marx, Engels y el marxismo*, AKal, Madrid, 1976.

MAC LELLAN, D.: *Marx y los jóvenes hegelianos*, Martínez Roca, Barcelona, 1971.

MANDEL, E.: *La formación del pensamiento económico de Marx*, México, Siglo XXI.

MARX, KARL: *Manuscritos, economía y filosofía*, Alianza Editorial, Madrid, 1972.

Marx, Karl: *Seminario Permanente de Filosofía del ICE de la Universidad Autónoma de Barcelona*, Barcelona, 1983.

MEHRING, F.: *Carlos Marx y los primeros tiempos de la Internacional*, Grijalbo, Barcelona, 1975.

MORISHIMA, M.: *La teoría económica de Marx*, Tecnos, Madrid, 1976.

CAPÍTULO I

INFANCIA Y JUVENTUD

Karl Heinrich Marx nació en Tréveris, ciudad de la Renania alemana, el día 5 de mayo del año 1818. Por aquel entonces, Tréveris era una pequeña ciudad de provincias que contaba con unos doce mil habitantes.

Fue el segundo de los ocho hijos habidos del matrimonio formado por Heinrich y Henriette Marx.

El padre de Karl Marx, que en realidad se llamaba Hirschel, era un abogado de origen judío, que se había bautizado en la iglesia evangélica de Tréveris con el nombre de Heinrich a fin de huir de las persecuciones a que se vieron sometidos los judíos en la Prusia de Federico Guillermo III. A su vez, Heinrich Marx fue hijo de un rabino de Tréveris llamado Meier Levy Marx.

La ciudad de Tréveris, que había sido sede de un príncipe arzobispo, había sido ocupada en 1803 por los franceses, y Napoléon la había incorporado a la Confederación del Rhin. Diez años después, derrotado Napoleón, el Congreso de Viena la adjudicó al reino prusiano.

Federico Guillermo III de Prusia restableció un sistema jurídico que revivía las pautas políticas y sociales más funestas de la Edad Media. El sistema feudal, personalizado por la nobleza aristocrática de la región, retomó gozoso el poder que le había sido arrebatado años antes. Pero, lógicamente, esta situación provocó un enfrentamiento con los sectores más progresistas de la población, que habían tomado clara conciencia de las ideas racionalistas francesas. Por otro lado, el restablecimiento de la sociedad feudal conllevó a una política de sistemático desaliento del comercio y de la industria y, ya que la anticuada estructura debía ser defendida de la presión popular, se creó una burocracia despótica con el fin de aislar a la sociedad alemana de la influencia contaminante de las instituciones liberales.

Aquel acrecentado poder de la policía y el rígido control sobre todos los aspectos de la vida pública y privada, generaron una literatura de protesta que fue rápidamente censurada, por lo que los escritores y poetas alemanes decidieron exiliarse, y desde París o Suiza introducían una apasionada propaganda contra el sistema establecido.

Por su parte, los judíos habían tenido motivos para sentir gratitud hacia Napoleón, ya que por su código legal había reconocido como fuente de autoridad los principios de la igualdad y la razón humanas, con la consiguiente pujanza del grupo que se había encontrado con el camino abierto para ejercer de comerciantes y otras profesiones liberales. Pero con la restauración de la monarquía hereditaria y sus consecuencias económicas y sociales, aquel camino abierto se había vuelto a cerrar. Entonces, los judíos tuvieron que enfrentarse a las dos únicas posibilidades que tenían: regresar al gheto y volver a sus antiguas ocupaciones, por un lado, o bien modificar sus nombres y cambiar de religión, empezando una nueva vida como patriotas alemanes y como miembros de la Iglesia cristiana.

Éste fue el camino que escogió el padre de Karl Marx. Había nacido en 1782, siendo el tercer hijo de Meier Levy Marx, un rabino de Saarlautern y después de Tréveris, a quien sucedió en el cargo su hijo primogénito Samuel, que moriría en 1827. Contaba entre sus antepasados con varios rabinos, y entre los de su esposa había una serie de eruditos. Ella, Henriette, era hija del rabino de Tréveris Moses Lwow, y su abuelo también había sido rabino en Tréveris hasta 1733, fecha en que se trasladó a Ansbach; de él se dice que no se tomaba ninguna

Karl Marx, uno de los políticos, filósofos y economistas que más han influido en la historia moderna.

decisión en la ciudad sin consultarle previamente. Y el linaje de rabinos se remontaba hasta la Edad Media.

Precisamente durante la Edad Media, las comunidades judías gozaban de una gran autonomía en lo que se refiere a sus asuntos internos, tanto económicos, religiosos o culturales, y su representante máximo era el rabino. Éste era también el encargado del poder legislativo y ejecutivo que regía en la comunidad. Así, el rabino no era tanto padre espiritual y predicador como maestro y depositario de la sabiduría.

Volviendo a Heinrich, el padre de Marx, decidió cambiar por completo de vida, debido, como ya hemos dicho, a las restricciones a que se vieron sometidos los judíos. Se apartó por completo de su familia, cambió su nombre por el de Heinrich y su apellido por el de Marx y adquirió nuevos intereses y amigos.

Como abogado no había vivido mal hasta entonces, y en 1816 comenzaba a ver la perspectiva de un futuro bien asentado, como cabeza de una respetable familia burguesa alemana, cuando las leyes antisemitas le privaron de los medios de subsistencia con que contaba. Así que a principios de 1817 fue recibido oficialmente en la Iglesia protestante. Su elección fue determinada porque equiparaba el protestantismo con la libertad de pensamiento.

Esta conversión al cristianismo protestante, obligado por las circunstancias, fortaleció sus inclinaciones liberales y de oposición al régimen establecido. Sin embargo, el liberalismo de Heinrich Marx tenía unos tintes muy moderados, ya que su lealtad a ultranza y su carácter pacífico en extremo le impedían mantener su oposición con la energía que hubiera sido necesaria. En tanto la actitud que predominaba en Tréveris era la oposición visceral a Prusia, él tenía una visión bastante más patriótica de la situación.

Heinrich Marx poseía un carácter tímido y bonachón, siendo un ferviente lector de Leibnitz, Voltaire, Rousseau y Kant.

Precisamente, este gusto por la lectura se lo transmitió a su hijo Karl.

Karl estaba muy unido a su padre, si bien no sentía demasiado afecto por su madre y sus hermanos.

Henriette Pressburg, nombre de soltera de la madre de Karl era, por lo que se sabe, una mujer corriente, respetuosa de la moral y de su marido, que vivió exclusivamente preocupada por las tareas del hogar y la crianza de sus ocho hijos. Vivía aterrada por el despilfarro, sintiéndose angustiada siempre por el orden y el dinero. Y, al igual que sus otros hijos, Henriette dejó muy poca huella en la formación y en la vida de Karl.

En realidad, poco se sabe acerca de la infancia de éste, pues no hay muchas referencias, ya que él apenas habló de ella, y sólo se conocen algunos episodios contados por sus hermanos y hermanas. Ya hemos dicho que Karl fue el segundo de ocho hermanos: Sophie, Hermann, Henriette, Louise, Emilie, Karoline y Edouard.

Hermann, Henriette, Karolina y Edouard murieron, todavía jóvenes, de tuberculosis, poco después de que Karl abandonara el hogar familiar en 1836. Así pues, sólo podemos encontrar en la vida de Marx tres hermanas: Sophie, la mayor, que se casó con Schmalhausen, un abogado de Maastricht; Louise, que emigró con su esposo a África del Sur, y Emilie, casada con Conradi, un abogado de Tréveris.

A Karl se le recuerda como un niño dominante, incluso un tanto tirano con sus compañeros de juego.

Karl Marx estudió durante cinco años en un colegio de jesuitas, llamado Instituto Friedrich Wilhelm, de muy buena y merecida fama. Le interesaban sobremanera la literatura y el arte, aunque obtuvo buenas notas en todas las asignaturas. Dejó el instituto de Tréveris a los diecisiete años, después de haber obtenido el título de bachiller, y por consejo de su padre se matriculó en la facultad de Derecho de la Universidad de Bonn.

Pero antes de asistir a la Universidad pasó muchas de sus horas de ocio en compañía de un vecino suyo, Freiherr Ludwig von Westphalen, amigo de la familia, quien, impresionado por la gran capacidad de comprensión del niño, le alentaba a leer, tanto a los clásicos como a los vanguardistas de la época. Karl, que alcanzó la madurez bien pronto, se convirtió en un ferviente lector de la nueva literatura romántica, influido sobre todo por Von Westphalen. Ya de mayor, Karl, al hablar de aquel hombre, reflejaría siempre un profundo afecto por él. Von Westphalen, además, se convertiría, en 1837, en futuro suegro de Karl, por el compromiso matrimonial adquirido entre éste y Jenny von Westphalen, y Karl, agradecido por todo, le dedicaría su tesis doctoral.

Disculpe usted, querido y buen amigo, que le dedique este insignificante opúsculo. Estoy impaciente por darle una pequeña muestra de mi afecto, y no quiero tener que esperar otra ocasión. Desearía que cuantos dudan de la Idea pudieran admirar como yo a un anciano que con la mente joven saluda cada adelanto de la época con tanto entusiasmo y prudencia y con un idealismo profundamente arraigado y límpido como el sol, que distingue únicamente la palabra verdadera, y que nunca ha retrocedido ni titubeado ante las sombras de retrógrados espectros, ante el tan a menudo oscuro y nublado cielo de la época, sino que con divina energía y con mirada firme ha visto siempre en el fondo de las metamorfosis el empíreo que arde en el corazón del hombre. Usted, querido amigo, ha sido siempre para mí un vivo argumento para los ojos, una prueba evidente de que el Idealismo no es pura ilusión, sino que es una gran verdad.

CAPÍTULO II

EN LAS UNIVERSIDADES

En la Universidad de Bonn

Karl Marx se matriculó en 1835, por expreso deseo de su padre, en la Universidad de Bonn, aunque sólo permanecería en ella durante un curso.

Como no quería contrariar a su padre, se matriculó en Derecho, pero nunca se sintió atraído por ejercer la abogacía.

Karl Marx ambicionaba asistir por lo menos a siete cursos de conferencias semanales, entre ellas algunos sobre mitología, poesía latina y arte moderno.

Lo primero que hizo al llegar a la ciudad de Bonn fue buscar un lugar adecuado para vivir cerca de la Universidad. Ya una vez instalado, se dedicó a las conferencias, a las que asistió regularmente.

Pero no todo fueron libros y clases para el joven Marx. En verdad, durante aquel año de 1835 no le faltaron distracciones e incluso peleas.

Vivió la vida alegre y disipada de los estudiantes alemanes. Entre otras cosas, frecuentó el «Club de la Taberna», que era una asociación estudiantil donde se hablaba y bebía abundantemente. Por otro lado, parecía no tener mesura en el gasto del dinero y durante aquel año contrajo numerosas deudas que escandalizaron a su padre, además de tener que hacerse cargo de ellas.

Aquellas frecuentes visitas al Club de la Taberna terminaron mal ya que, al menos en una ocasión, la policía lo arrestó por conducta desordenada. En efecto, al parecer, en una ocasión los jóvenes habían salido a la calle después de beber desmesuradamente y habían tirado piedras contra las farolas.

Finalmente, en el año 1835, Karl Marx se batió en duelo con un miembro de la «Korps Borussia», recibiendo el joven renano un corte en la ceja izquierda. Como resultado de ello, enterado el padre de Karl del asunto y de los desmanes de los jóvenes en la ciudad, por medio de una carta un tanto enérgica, obligó a su hijo a abandonar la Universidad de Bonn y a ingresar en la de Berlín.

En Berlín

El traslado de un joven provinciano como Marx a una gran capital como Berlín produjo un notable efecto en él.

Se inscribió en la Universidad en otoño de 1836. Aquella ciudad, inmensa y populosa y centro de la burocracia prusiana a la vez que punto de reunión de los intelectuales radicales descontentos, impactó de forma angustiosa en el primer encuentro que tuvo con ella Karl Marx.

No obstante, poco a poco, Berlín se opuso como un desafío a su profundo espíritu crítico y analítico.

Durante la época que estuvo en la Universidad —nueve semestres—, se inscribió en doce cursos en total. Cursó Derecho, Historia y Filosofía.

Pero Marx se convenció de que la Universidad no le iba a proporcionar los conocimientos que él deseaba alcanzar, por lo que se dedicó a estudiar en los ratos libres por su cuenta, lo cual, a buen seguro, le satisfizo casi tanto o más que la enseñanza recibida en la Universidad.

La influencia intelectual que privaba en la Universidad de Berlín en aquella época era la filosofía de Hegel. A Marx, lógicamente, le llegó también esta influencia. Así, el problema de la libertad social y las causas que impiden alcanzarla fue básicamente el tema de los primeros escritos de Marx. Enfocó el problema y le dio solución según un espíritu básicamente hegeliano.

Pero Marx también se dedicó a escribir poesías durante su época de estudiante, ya que en la misma conoció el amor.

Jenny von Westphalen

Efectivamente, a su regreso de Bonn y sin que nadie estuviese enterado, Karl se comprometió con Jenny von Westphalen, la hija de su vecino y amigo de la infancia.

Así es que, en Berlín, Karl se dedicó a llenar cuadernos repletos de poesías para su querida Jenny. Y es bastante probable que aquellos poemas estuvieran inspirados en Byron, uno de los poetas más admirados por Marx.

Karl se decidió a pedir la mano de Jenny en 1837.

Este hecho desembocó en un largo conflicto con su padre, que sólo acabaría a la muerte de éste. El padre de Karl temía que su hijo cayera en una posición equívoca frente a la familia Westpahlen, que gozaba de gran consideración social. Así, escribió a Karl:

> *Querido hijo:*
> *Ya sabes que el deber más sagrado del hombre es respetar a la mujer.*
> *Debes reconsiderar tu posición. Pero si, tras una detenida introspección, deseas persistir en tu compromiso, tienes que asumir dicho deber. Has contraído grandes obligaciones, y yo, queridísimo Karl, con el peligro de irritar tu susceptibilidad, te daré mi opinión de forma un tanto prosaica: tú, con tus exageraciones y exaltaciones del amor propias de la poesía, no puedes proporcionar calma a la criatura a la que has decidido entregarte; más te diré: corres el peligro*

17

de destruirla. Ella está haciendo un sacrificio inestimable que sólo una mente desapasionada y fría puede apreciar por completo: el de su abnegación y entrega. ¡Y ay de ti si lo olvidas un solo momento!

Por ahora, todo depende de ti, y tienes que hacerte acreedor al respeto de todo el mundo, pese a tu juventud. Te ruego y te suplico encarecidamente que pienses en el futuro, que no corras riesgos innecesarios.

Karl, de sobra conoces mi debilidad por ti. A veces mi corazón se complace pensando en ti y en el futuro. Pero otras veces se apoderan de mí ideas y presentimientos tristes y sombríos que, rápidos y traicioneros como el rayo, se abaten sobre mi pensamiento: ¿obedece tu corazón a tu cabeza, a tus proyectos de futuro? ¿Hay un espacio en él para esos sentimientos terrenos que tanto reconfortan a las personas sensibles en este valle de lágrimas? En esta situación hay personas dominadas por sus propios demonios, pero ¿su naturaleza es celestial o fáustica? ¿Serás capaz —esta duda atormenta mi alma sobremanera— de conseguir una dicha familiar? Te preguntarás qué es lo que me ha llevado a pensar estas cosas. Aunque a menudo me han asaltado semejantes fantasías, las he ahuyentado con facilidad porque siempre he intentado rodearte de todo el cariño y cuidados de que es capaz mi corazón. Pero ahora, con Jenny, aflora algo extraño. Ella muestra, instintivamente y en contra de su voluntad, un sordo temor, preñado de presentimientos, que a mí no se me escapa. ¿Por qué? ¿A qué se debe? Para mí no tiene explicación. Pero ahí está y mi experiencia no me engaña en este punto. Tus progresos, la halagadora esperanza de ver tu nombre y tu bienestar material, pese a ser ilusiones que he acariciado durante largo tiempo, no es lo *único que me interesa. Te aseguro que si hicieras realidad únicamente esas ilusiones, no sería feliz. Solamente si tu corazón permanece puro y late de forma netamente humana, si ningún genio demoníaco consigue desvirtuar los mejores sentimientos de tu alma, sólo entonces me proporcionarás la felicidad que deseo desde hace tantos años. En otro caso, destruirás la ilusión más hermosa de mi vida.*

En fin, no sé porque me pongo tan quejumbroso y te entristezco, quizá a ti.

En realidad, no dudo de tu amor filial por mi y por tu buena y adorada madre, y tú sabes cuál es nuestro punto más débil.

Posiblemente, una de las cosas buenas del hombre es que desde que nace está obligado a respetar a los demás, a ser sensato, prudente y reflexivo, pese a todos los demonios...

Casi con seguridad era pedir demasiado que un joven de diecinueve años tuviera experiencia en la vida. Las palabras del padre no nos revelan un enojo por tal compromiso contraído, bien al contrario. Lo que teme, precisamente, es que su hijo no sepa cumplir con el compromiso, ya que, hasta entonces, únicamente ha demostrado que sabe adquirir compromisos pero que no se ha esforzado por llevarlos a cabo.

La joven había crecido en el seno de una familia acomodada. Era cuatro años mayor que Karl, muy hermosa y dotada de una gran delicadeza.

La familia de Jenny, al igual que Heinrich Marx, se inquietó por la futura unión de su hija con el joven Marx, ya que auguraban para éste un futuro un tanto inseguro —y no se equivocaban—, aunque nadie pudo convencer a Jenny de que olvidara a su amado, a pesar de los numerosos pretendientes que tuvo.

Y mientras Karl estudiaba en Berlín, la joven le esperaba pacientemente en su ciudad natal. Finalmente, la pareja formalizó sus relaciones a finales del año 1837, con la venia de las dos familias, pero los jóvenes tuvieron que esperar resignadamente siete largos años antes de poder unirse en matrimonio, lo cual tuvo lugar en junio de 1843.

Karl Marx pudo trabajar e incluso subsistir durante los años más difíciles de su vida gracias a la sorprendente aptitud de la aristrócrata Jenny von Westphalen para aguantar la pobreza. Pero ya mucho antes, desde sus años de estudiante, había empezado a ser deudor de la familia de su mujer. Y más precisamente, del padre de ésta. El barón Von Westphalen mostró buena vista cuando conoció al adolescente Karl Marx; apreció su inteligencia y su vitalidad espiritual y le procuró acceso a un tipo de alimento y disfrute intelectual que Heinrich Marx mismo no podía dar a su hijo. El viejo Marx proporcionó al futuro fundador del comunismo moderno bienes culturales principalmente adecuados para el desarrollo del pensamiento lógico y científico: la lectura de los ilustrados franceses y alemanes y la disciplina del razonamiento jurídico.

Pero en otros campos, Heinrich Marx estaba lejos de las necesidades de su hijo. Lo sabía y hasta se expresaba al respecto con una modestia que difícilmente tendrán muchos padres para con sus hijos (tal vez por eso Karl Marx llevó consigo durante toda la vida un retrato de su padre; muchos años más tarde, su íntimo amigo Friedrich Engels, que conocía bien sus sentimientos, metió aquel retrato dentro del ataúd de Karl Marx). En cambio, el varón Von Westphalen se parecía a su futuro yerno sobre todo en el apasionamiento del espíritu y en el consiguiente gusto de recibir y producir sensaciones relacionadas con la naturaleza, la palabra, las artes. Karl Marx debe a su suegro el primer conocimiento sólido de bienes que durante toda su vida le serán disfrute y apoyo connaturales: Homero y los trágicos griegos leídos (y muy

Jenny, la esposa de Marx, en la época de su casamiento (1843).

sabidos) en sus ediciones originales, Dante en italiano, Shakespeare en inglés, Cervantes en castellano. Es casi seguro, además, que el primer trato de Karl Marx con ideas socialistas le viniera precisamente de su suegro, que conocía y apreciaba la literatura del socialista utópico Saint-Simon y su escuela.

El padre y el suegro de Karl Marx fueron, en suma, buenos introductores al estudio superior que Marx realizó propiamente en Berlín. No tanto en la Universidad cuanto en la ciudad. El profesorado universitario berlinés ha dado poco a Marx. Sin duda fue una casualidad afortunada que llegara a oír al principal discípulo de Hegel en el campo de las ciencias sociales —el jurista Gans y a su principal oponente en ese mismo campo, Savigny, cabeza de la escuela histórica del derecho—; pero como aparte de esos dos productivos maestros, las facultades no le ofrecían gran cosa, Marx estudió sobre todo por su cuenta, aprovechando sólo como pretexto el orden de los estudios universitarios.

CAPÍTULO III

LA IZQUIERDA HEGELIANA

La dedicación de Karl Marx a los estudios afectó durante aquella época berlinesa la salud del joven estudiante. De esta forma, y aconsejado por el médico, Marx se tomó un tiempo de descanso, que disfrutó en Stralau, un pueblecito de pescadores donde, además de reponerse un tanto de sus males, aprovechó para leer ampliamente la obra de Hegel. Fue quizá gracias a esa época de reposo que Marx pudo introducirse por completo en la atmósfera cultural berlinesa, dominada por la figura del gran filósofo.

En Berlín, Marx empezó a frecuentar el Doktor Club, o «Club de los Doctores». Allí conoció a varias figuras del mundillo literario y político de su tiempo.

Aquel Club de los Doctores servía a los jóvenes para discutir sobre política, discusión amenizada por doctas charlas filosóficas. Rápidamente se formaron dos tendencias en el grupo: los que seguían fielmente el pensamiento de Hegel, es decir, los más «ortodoxos», y los que incidían básicamente en la dialéctica de Hegel, es decir, en el método, que venía a decir que todo cambia, que no hay nada permanente y que todo lleva en sí mismo la contradicción implícita. Este segundo grupo fue el llamado «izquierda hegeliana» o «jóvenes hegelianos». En este último grupo destacaba la figura de Bruno Bauer. Los problemas que más apasionaban por entonces a esos jóvenes eran los de la crítica de la religión.

Marx era uno de los miembros más jóvenes del Club de los Doctores, pero quizá también uno de los más impetuosos. Poco a poco, los jóvenes izquierdistas hegelianos fueron desviando su atención de la religión, llegando paulatinamente al ateísmo, para dedicarse por completo a la política.

También poco a poco, Karl Marx fue abandonando sus estudios de Derecho para dedicarse por entero a estudiar filosofía. Llegó a concebir la idea de arribar a ser profesor de aquella materia en alguna universidad. Contaba, a la sazón, veinticuatro años, siendo un filósofo aficionado, sin ninguna ocupación fija, aunque respetado en los círculos más progresistas por su erudición y su espíritu crítico.

No obstante, Marx no había abandonado por completo sus exámenes, y en 1841 obtuvo el doctorado en la Universidad de Jena con una tesis sobre la «Diferencia de la filosofía de la naturaleza en Demócrito y Epicuro». Marx no se presentó ante el tribunal. Pero consiguió el doctorado, con lo cual esperaba lograr un puesto en la universidad junto a su amigo Bruno Bauer. Pero lo cierto fue que a Bauer lo echaron de la Universidad, ya que el ministro prusiano de Educación decidió condenar de modo oficial a la Izquierda Hegeliana y destituyó de su cargo a Bauer.

Para Marx también quedaba cerrada la posibilidad de una carrera académica, ya que estaba demasiado comprometido con Bauer, por lo que se vio obligado a buscar otra forma de vida.

En realidad, no tuvo que esperar mucho tiempo. Uno de sus mayores admiradores fue Moses Hess, un publicista judío de Colonia. Hess escribió sobre Marx a su amigo Berthold Auerbach:

> *Prepárate a conocer al mayor, y posiblemente al único filósofo vivo verdadero... Karl Marx, tal es el nombre de mi ídolo, un hombre todavía muy joven*

—ronda los veinticuatro años— y que asestará el
golpe de gracia a la religión y política medievales.
Marx reúne en su persona la más profunda seriedad
filosófica y la más incisiva ironía. Imagínate a
Rousseau, Voltaire, Jolbach, Lessing, Heine y Hegel
juntos en una sola persona —y digo juntos, no revuel-
tos— y tendrás al doctor Karl Marx.

Hess conocía París y había frecuentado allí a los principales escritores franceses socialistas y comunistas, que le
influyeron notablemente.

Hess predicaba la primacía de los factores económicos
sobre los políticos y la imposibilidad de liberar a la Humanidad
sin haber podido liberar antes al proletariado asalariado.

Por aquella época, Hess había logrado persuadir a un grupo
de industriales liberales de Renania para que financiaran la
publicación de un diario radical que debía contener artículos
sobre temas económicos y políticos, dirigidos especialmente
contra la política económicamente reaccionaria del gobierno
berlinés, y que, en cambio, simpatizaría con las necesidades
de la clase burguesa en ascenso.

El *Rheinische Zeitung*

De esta forma se editó en Colonia el diario *Rheinische
Zeitung*. Se invitó a Marx a que participara con regularidad
escribiendo artículos para ese diario. El joven filósofo no se
opuso a ello, bien al contrario, y diez meses después ejercía
el cargo de director.

Los colaboradores del periódico pertenecían, sobre todo, al
círculo berlinés de los Athenäer, grupo que había sucedido al
Club de Doctores, y que posteriormente se denominaría «Los
libres»: Bauer, Kôppen, Stirner, Meyer, Rutenberg, Engels.

Aquella fue para Marx su primera experiencia en el campo de la política práctica. Dirigió el periódico con vigor a la vez que con intolerancia. De diario liberal pasó a convertirse en un diario radical y violento, más hostil al gobierno que ninguna otra publicación.

Seguramente por esto, su fama se difundió por toda Alemania y, finalmente, el gobierno se vio obligado a fijarse en el comportamiento de la burguesía renana.

Verdaderamente, el número de suscriptores crecía asombrosamente día tras día y los accionistas del diario quedaron posiblemente tan sorprendidos como las propias autoridades.

Envalentonado por la tolerancia a que se vio sometido el diario, Marx intensificó los ataques y añadió a la discusión de temas de política general y económicos las de dos cuestiones particulares respecto de las cuales existían en la provincia enconados sentimientos: la mísera condición de los agricultores de la región del Mosela y las extremadas leyes con que se castigaba a los míseros que robaban madera podrida en los bosques cercanos.

Marx hizo uso de estas dos situaciones como textos para una acusación muy violenta al gobierno de terratenientes.

Por fin, las autoridades decidieron aplicar la censura y lo hicieron con cierta severidad. Aunque Marx se valió de todo su ingenio para embaucar a los censores —que solían ser gentes de poca inteligencia—, y se las arregló para publicar una serie de artículos que escondían una velada propaganda democrática y republicana. Por aquellos artículos los censores fueron amonestados y reemplazados por funcionarios más severos.

Pero Marx se pasó de sus propias limitaciones y atacó duramente al gobierno ruso, llegando a exponer en los editoriales del periódico que lo mejor que podía sucederle a Europa era entablar una guerra contra Rusia para luchar contra el oscurantismo del poder del emperador Nicolás I. Las reacciones no se hicieron esperar, y el canciller ruso envió una severa nota al gobierno prusiano recriminándole la ineficacia de los censores. El gobierno prusiano, entonces, pretendiendo apaciguar a las autoridades rusas, prohibió, en abril de 1843, la publicación del periódico. Marx estaba libre de nuevo, pero había conseguido hacerse un nombre como brillante periodista político, aunque con opiniones excesivamente críticas.

CAPÍTULO IV

MIRAS AL EXTRANJERO

La boda de Karl con Jenny

Como ya se ha dicho anteriormente, Jenny von Westphalen tuvo que esperar resignadamente siete largos años antes de unir definitivamente su vida a la de Karl Marx.

A sus veinticinco años, Karl Marx ya se había trazado una sólida trayectoria periodística y se había hecho merecedor de una fama que había trascendido los límites de su país y desbordaba también a los más prestigiosos pensadores de su época. Los veinticinco años de Marx eran lúcidos, espléndidos, a la vez que discutidos.

La familia de Jenny se hallaba, posiblemente no sin razón, un tanto alarmada. Karl Marx no complacía ni tan siquiera a su propia familia. Pero la lealtad de Jenny iba acrecentándose a medida que aumentaba la hostilidad de sus parientes. Quizá, el único apoyo a la pareja les vino por parte del padre de Jenny.

Heinrich Marx había muerto cinco años antes. Y la madre de Marx nunca perdonó a su hijo ya que, a su modo de ver, se había ido transformando en un extraño para la familia. No obstante, y a pesar de todo, seguía siendo su madre. Pero cuando llegaron tiempos verdaderamente malos para Karl Marx, no le ayudó en absoluto.

Finalmente, el 13 de junio de 1843 se celebró la boda entre Karl y Jenny, aunque otros biógrafos dan otras fechas en cuanto a la celebración de la boda. La ceremonia fue muy sencilla, y se llevó a cabo en una pequeña iglesia luterana, en Kreuznach.

Pasaron el viaje de bodas en el Palatinado. De ese viaje, Marx siempre guardó un grato recuerdo.

Cuando regresaron del viaje, los recién casados se instalaron en casa de la familia Westphalen, en Kreuznach. Y fue allí donde un amigo de su padre le ofreció un cargo dependiente del gobierno. Posiblemente, el hombre no conocía las ideas del joven Marx, o bien estaba al tanto de ellas y lo único que pretendía era comprar su silencio. Aquello indignó altamente a Marx. ¿Cómo era posible que el mismo gobierno que le había negado —aunque no directamente— un empleo en la Universidad y había cerrado el diario que dirigía, ahora se transformara en un generoso padrino que le ofrecía un trabajo? La negación de Marx fue rotunda.

Entonces, de común acuerdo con su esposa, Marx decidió abandonar el territorio prusiano y aceptó el ofrecimiento de Arnold Ruge —un antiguo amigo, izquierdista hegeliano, también— para colaborar en *Los Anales franco-alemanes,* censurados en Alemania, con un salario mensual de seiscientos táleros. La publicación de los *Anales* iba a realizarse en Francia, concretamente en París, por lo que Marx y su esposa tuvieron que partir sin dilación hacia aquella capital.

En París

Marx y su esposa abandonaron el territorio prusiano en noviembre de 1843. No tardaron ni dos días en llegar a París.

Aquel viaje sería el primero por los caminos del exilio.

En cierta forma se puede decir que su reputación había precedido a Karl Marx, pues en aquel tiempo se le consideraba un periodista mordaz, de tono liberal. Sin embargo, dos años después, la policía de muchos países le consideraría como un comunista revolucionario intransigente.

Ciertamente, los dos años que van de 1843 a 1845 serían decisivos en su vida. En París sufrió la transformación intelectual final. Y en 1845 llegaría a una posición clara, tanto personal como política, consagrando el resto de su vida a realizarla en la práctica.

Cuando llegó a París, Marx se dio cuenta de que era un buen momento para regresar a su filosofía y confrontar sus escritos con los de un filósofo de gran influencia en esa coyuntura: Ludwig Feuerbach, quien había publicado, en 1841, *La esencia del cristianismo*. Esa obra había sido acogida con gran entusiasmo por parte de los progresistas de la época, entre quienes se encontraba Engels, a quien Marx todavía no conocía. Pero el joven filósofo renano no compartía por completo el entusiasmo que había suscitado Feuerbach y, a pesar de que se daba cuenta de que había ciertos puntos comunes entre la forma de pensar del filósofo y la suya, decidió mantenerse un tanto distanciado.

Durante las décadas de los años 30 y 40, París era la ciudad europea más tolerante del continente. Un excelente conjunto de poetas, músicos, pintores, escritores, teóricos y reformadores se había reunido en la capital francesa. Hombres de todas las nacionalidades encontraban allí la forma de expresar sus ideas sin verse perseguidos ni agobiados.

Sin embargo, Marx no había viajado a París buscando nuevas experiencias. Él era un hombre poco emotivo y que no se dejaba arrastrar por ningún ambiente, por más exaltado que éste se encontrara. Eligió París antes que cualquier otra capital europea por el simple hecho de que aquella ciudad le parecía el lugar más apropiado para editar *Los Anales franco-alemanes,* que iban destinados tanto al público alemán como al no alemán. Además, perseguía la idea de encontrar una respuesta a la cuestión para la que todavía no había encontrado solución ni en los enciclopedistas ni en Hegel, ni tan siquiera en Feuerbach: ¿a qué se debía en última instancia el fracaso de la Revolución Francesa de 1789? Según él, ésta era la respuesta que daba solución a la pregunta que más le inquietaba: ¿qué errores debían evitar los hombres que intentaban fundar una sociedad libre y justa?

Cuando afrontó el problema, Marx lo hizo con su característica seriedad, pues estudió los hechos y se sumergió de lleno en las mismas fuentes históricas. Pasó un año leyendo sin cesar, de la misma forma que lo había hecho durante la época en que se interesó por Hegel. A finales de 1844 estaba completamente familiarizado con las doctrinas políticas y económicas de los pensadores eruditos, tanto franceses como británicos. Conclusión de aquellas lecturas fue la idea de que el pueblo alemán era el que estaba más atrasado de todos los pueblos europeos.

El primer —y único— número de los *Anales* llegó clandestinamente a Alemania, y causó un gran revuelo entre los viejos camaradas de Marx que todavía quedaban en el país. Aquella revista llevaba artículos sobre el Estado, la religión y la cuestión judía. Habían colaborado en ella Marx, Ruge, Heine, Herwegh, Hess y Friedrich Engels, entre otros. A continuación se incluye una pequeña sembranza de estas personalidades, exceptuando a Engels.

Arnold Ruge. Nacido en Bergen, isla de Rügen, en 1802. Sus ideas progresistas le llevaron a la cárcel de Kolberg (1824-1830), profesor en Halle en 1832, publicó en el órgano de la izquierda hegeliana (1838-1841). Refugiado en Francia editó el periódico *Die Reform* (1848). Fue refugiado en el Parlamento de Frankfurt que intentó proclamar la unidad alemana bajo la égida de Prusia, pero con base popular. Huyó a Londres en 1849 ante el fracaso del Parlamento y allí frecuentó a Mazzini y después se estableció en Brighton. Al

Friedrich Engels, amigo y colaborador de Marx, en favor del movimiento revolucionario.

aprobar el régimen del «Canciller de Hierro», Bismarck le pensionó (1877). Escribió numerosos artículos y las memorias *Recuerdos del tiempo pasado* (1862-1867). Falleció en Brighton en 1880.

Heinrich Heine. Nació en Düsseldorf en 1797, de padres también judíos, pero sin fortuna. Pudo estudiar derecho gracias a un tío banquero en Hamburgo. Iniciado en el romanticismo, en 1821, en Berlín, recibió la influencia de Hegel. Carácter inestable, pero indiscutible talento literario: *Cartas de Berlín* e *Intermezzo lírico*. Casó con su prima Teresa a pesar de la indiferencia de ésta que terminaría por abandonarle. Obtuvo el doctorado y se hizo bautizar, convirtiéndose al cristianismo. Incorporó a sus poemas la sensibilidad y lozanía de la canción popular: Lorelei. Marx le influyó en poemas políticos. Su vida se extinguió por una parálisis progresiva que le inspiró nuevos poemas. Falleció en París en 1856, siendo muy divulgado en España.

Georg Herwegh. Otro poeta alemán, nacido en Stuttgart en 1817, partidario de las ideas liberales y democráticas; militó en la joven Alemania y en 1848, en su exilio parisiense, entrenó a un grupo de voluntarios que más tarde llevó a cabo una frustrada revolución en Baden. Se refugió en Suiza, donde escribió poemas de combate y no volvió a Alemania hasta 1866. Sus poemas cantan los primitivos héroes de la libertad germanos. Falleció en Baden en 1875.

Moses Hess. Nacido en Bonn en 1812. Fue uno de los miembros fundadores de la «Liga de los Comunistas». Participó en el Congreso de la I Internacional en 1868 y se adhirió al partido obrero socialdemócrata. Ocupado de los problemas de la emancipación de los judíos, fue un precursor del sionismo.

CAPÍTULO V
CENSURA PRUSIANA

Lógicamente, si aquella revista produjo admiración entre los amigos de Marx, no fue vista de la misma forma por el gobierno prusiano, que advirtió rápidamente la amenaza implícita en los cuadernos.

El gobierno impartió estrictas órdenes a los policías fronterizos. Ésta debía apresar a Marx o a Ruge si intentaban entrar en territorio prusiano. Pero hubo más. Se ordenó requisar la revista de todas las librerías y se advirtió a los libreros indicando que se impondrían severos castigos a quienes contravinieran esas órdenes y adquiriesen la revista. De esta forma, la policía requisó cien ejemplares que un vapor trasladaba a través del Rhin, y por su lado, los bávaros se hicieron con más de doscientos números en la frontera.

La publicación de la revista llegaba, pues, a su fin. Marx, que debía obtener un sueldo fijo por la publicación de los *Anales*, según promesas de Ruge, se quedó sin el sueldo. Arnold Ruge rescindió su compromiso con los *Anales* y con el propio Marx. Pero, a cambio, le propuso pagarle con los ejemplares de la revista que habían quedado, expresándole que podía cobrarse su deuda con la venta de los mismos. Esto indignó sobremanera a Marx, quien decidió romper completamente las relaciones con su amigo.

No obstante, el problema económico no fue aún demasiado acuciante para Marx, ya que le enviaron 1.000 táleros desde Colonia algunos amigos suyos, accionistas del diario

Rheinische Zeitung, y recibió, por otra parte, unos ochocientos francos enviados por Georg Jung para compensar los ejemplares perdidos en la confiscación de los *Anales.*

Entonces pudo dedicar un tiempo al estudio de teorías económicas. Así fue como entró en contacto con las ideas inglesas de David Ricardo, Adam Smith y James Mill. También con las ideas de teóricos franceses como Skarbek y Say. El joven renano leía sin descanso, tomando apuntes que luego utilizaría en una de sus obras, *Los manuscritos econonómicofilosóficos de 1844*, que no se publicaron hasta 1932. En ese libro, Marx realizó un profundo análisis sobre la función del dinero, donde trató de fundamentar la teoría de que los valores del mundo están invertidos, ya que el propietario de las cosas no es el hombre, sino el dinero.

En otro orden de cosas, durante aquella época también tuvo tiempo para cultivar la amistad del poeta Henrich Heine, quien había emigrado de Alemania en 1830. Este poeta le llevaba a Marx diariamente sus poemas para que éste los leyera y le diera su opinión. Por lo que parece, Heine era muy susceptible con las críticas adversas, y cada vez que iba a casa de Marx se quejaba de que alguien había criticado su trabajo en algún periódico.

Durante aquel año de 1844 había nacido la primera hija del matrimonio Marx. Impusieron a la pequeña el nombre de Jenny, como su madre. Un día en que la niña sufrió unas graves convulsiones y sus padres estaban completamente desesperados y sin saber qué hacer, Heine dispuso que se bañara a la pequeña. Parece ser que aquello salvó a Jenny. Y el agradecimiento de Karl Marx fue ilimitado.

Un nuevo exilio

Además de cultivar la amistad de Heine, en París Marx se vinculó también con una de las primeras agrupaciones de los emigrados alemanes, artesanos y jornaleros, que llevaba por nombre «La liga de los Justos». Presidía la agrupación Wilhelm Weitling, un hombre con vocación de predicador, considerado por Marx como el primer ideólogo del movimiento obrero. En el seno de aquella agrupación se editaba un periódico, el *Worwärts* —«Adelante»—, donde el joven filósofo empezó a colaborar.

En el seno de «La liga de los Justos» se podía entrever una tendencia que confluía entre el cristianismo y el socialismo, pero que intentaba apartarse por completo del intelectualismo de la época, por lo que básicamente formaban el grupo obreros. En su mayoría eran artesanos o jornaleros, sastres, tipógrafos, zapateros y relojeros, organizados en «comunidades».

Marx compartía algunos puntos de vista con los obreros de la Liga y se reunía con ellos asiduamente, pero también mantenía algunos puntos de discrepancia. Así, no compartía la idea de Weitling que propugnaba una lucha enconada entre ricos y pobres.

Pero el periódico ofrecía a Marx la posibilidad de atacar a Federico Guillermo IV de Prusia, y a Heine le permitía publicar sus poemas. Así, el periódico se fue convirtiendo en un órgano de las ideas más radicales de la época, acogiendo artículos de Engels, Bakunin y Weber, entre otros.

El régimen prusiano se volvió a sentir molesto con aquella publicación, por lo que se hizo necesario apelar a la solidaridad de la monarquía de Luis Felipe. Y la propia monarquía francesa se encargó de expulsar de Francia a Karl Marx.

El lugar escogido por el joven de Tréveris para su nueva residencia fue Bélgica. Jenny y su hija se quedarían en París hasta que pudieran reunirse con él más tarde.

Así es que en febrero de 1845, Marx llegó a la capital belga.

La *Gaceta Alemana de Bruselas,* revista dirigida por Marx, dedicó mucho espacio a la insurrección de los tejedores

37

silesios. Incluso fue glosada en verso por Heine de la siguiente forma:

Los tejedores

Sin lágrima en el ceño duro
están junto al telar y aprietan los dientes:
Alemania, tejemos tu sudario,
y en él la triple maldición.
    Tejemos, tejemos.

Maldito el ídolo al que impetramos
en fríos de invierno y angustias de hambre,
en vano creímos y le miramos,
nos ha vendido, nos ha engañado.
    Tejemos, tejemos.

Maldito el rey, el rey de los ricos,
que nos ablandó nuestra miseria,
que nos arranca lo que sudamos,
que como perros nos manda matar.
    Tejemos, tejemos.

Maldita sea la patria falsa,
para nosotros humillación,
siega temprana de toda flor,
festín podrido de los gusanos.
    Tejemos, tejemos.

Cruje el telar, la lanzadera vuela,
siempre tejemos, de día y de noche,
vieja Alemania, es tu sudario,
y en él la triple maldición.
    Tejemos, tejemos...

Los tres años en Bélgica, parte de ellos con la compañía de su inseparable camarada Engels, serán para Marx una época de estudio y de acción política. Sería la época en que desarrollaría lo que él mismo denomina «el nuevo materialismo» (Marx no usó nunca la expresión «materialismo dialéctico» que sus estudiosos utilizarían con profusión.)

CAPÍTULO VI
BAKUNIN, PROUDHON, ENGELS

Mihail Aleksandrovich Bakunin

Marx conoció a Bakunin en el seno de la «Liga de los Justos» durante la época de París. Mihail Bakunin había salido de Rusia y se había instalado en Berlín después de abandonar el ejército zarista. En aquella ciudad había conocido el pensamiento de Hegel y Feuerbach. Y después partió de Alemania en la misma época en que Marx también había hecho lo propio.

Por aquel entonces, Bakunin era un ardoroso crítico que pertenecía a los jóvenes hegelianos, enemigo acérrimo de cualquier gobierno absolutista. Poseía una gran imaginación y un odio exacerbado por cualquier disciplina o institucionalismo.

En realidad, el pensamiento de Bakunin y el de Marx se parecían como el día y la noche, es decir, diferían en todo. Pero el vínculo que los unía era el odio común que sentían por cualquier forma de reformismo, aunque ese odio arrancaba de raíces distintas: para Marx, la evolución gradual fue siempre un intento disfrazado por parte de la clase dominante de desviar la energía de sus enemigos hacia canales ineficaces además de inofensivos; Bakunin, en cambio, detestaba cualquier reforma y sostenía que cualquier frontera que limitara la libertad personal era mala por definición, mientras que cualquier violencia destructora dirigida contra la autoridad era buena de por sí, pues se trataba de una forma fundamental de la propia expresión creadora. Por esta razón, Bakunin se oponía al propósito aceptado por Marx y los reformadores, quienes propugnaban un socialismo centralizado, ya que para él ésta era una forma más de tiranía tanto más mezquina y absoluta que el despotismo personal y clasista al que pretendía sustituir.

Por su parte, Marx veía a Bakunin un poco como un charlatán y un loco, y consideraba que sus opiniones eran bárbaras y absurdas.

Bakunin escribió sobre lo que pensaba de Marx en uno de sus ensayos políticos:

> *Marx es de origen judío y sabe combinar en su persona todas las cualidades y los defectos de que está dotada esa raza. Según dicen algunos, es bastante nervioso, hasta llegar a los límites de la cobardía, y es desmesuradamente vanidoso, pendenciero, malicioso y tan intolerante y autócrata como Yahvé, el dios de sus padres y, de la misma forma que Él, insanamente vengativo.*
>
> *Si alguien ha inspirado en Marx celos u odio, no habrá mentira ni calumnia que no sea capaz de emplear en su contra. Y no se detendrá ante la intriga más baja si opina que ésta ha de servir para consolidar su posición y poder.*
>
> *Estos son sus vicios y defectos, pero también es virtuoso. Es sumamente hábil y posee grandes conocimientos. Sobre 1840 era una de las almas vitales de un notable círculo de radicales hegelianos. Por otro lado, muy pocas personas han leído como él lo ha hecho y, además, puede decirse que casi ningún hombre lo habrá hecho de forma tan inteligente como lo hace él.*

No obstante, la aversión mutua se hizo cada vez más evidente con el paso del tiempo. De forma puramente superficial continuaron manteniendo penosas relaciones de amistad durante algunos años, y no se produjo una verdadera ruptura hasta muchos años después debido al respeto que cada cual tenía por las cualidades del otro.

Pierre Proudhon

Si las relaciones de Marx con Bakunin fueron complicadas, tanto o más se puede decir de las que mantuvo con Proudhon.

Marx había leído en Colonia la obra que catapultó a Proudhon como escritor revolucionario con el título *¿Qué es la propiedad?,* donde anunciaba su tajante afirmación de que «la propiedad es el robo». Marx, entonces, había encomiado la brillantez del estilo y la valentía del autor de aquel libro.

En la época previa a 1843 a Marx le atraía cualquier cosa que revelara un núcleo revolucionario, cualquier pensamiento que propugnara decididamente el derrocamiento del sistema establecido.

Sin embargo, pronto comprendió que el enfoque de Proudhon de los problemas sociales no era en última instancia histórico, sino ético, y que tanto sus alabanzas como sus condenas se fundaban directamente en sus propias normas morales ignorando olímpicamente la importancia histórica de las instituciones y sistemas. Desde aquel momento tuvo a Proudhon como un moralista filisteo francés, defensor de los ideales sociales de la pequeña burguesía industrializada y perdió el respeto tanto por su persona como por sus doctrinas.

Cuando Marx llegó a París, Proudhon estaba en la cumbre de su reputación.

Las dos fuerzas que Pierre Proudhon consideraba desastrosas para la justicia social y la fraternidad de los hombres eran la tendencia a la acumulación de capital y la unión de éste con el poder, por lo que estaba destinado a asegurar el crecimiento de una plutocracia despótica bajo la forma de instituciones liberales. Para él, el Estado se convertía en un instrumento destinado a usurparle todo a la mayoría en beneficio de una minoría, una forma legalizada de robo, tal como se indicaba en su obra cumbre mencionada. El remedio que ofrecía Proudhon a esta situación consistía en suprimir la competencia e introducir en su lugar un sistema cooperativo, bajo el cual se alentaría una limitada propiedad privada, aunque no la acumulación de capital. Proudhon aconsejaba a los trabajadores que no se organizaran políticamente, ya que de esta forma imitarían a la actual clase dirigente. Los trabajadores y la pequeña burguesía deberían procurar, mediante una presión puramente económica, imponer sus métodos al resto de la sociedad, siendo este proceso gradual y dentro de los cauces pacíficos.

En una ocasión, Proudhon pidió a Marx que leyera su libro *La filosofía de la miseria* y le diera su opinión. Marx leyó el libro en dos días y dijo de él que era superficial, aunque dotado de la suficiente elocuencia como para poder llevar a las masas por el mal camino. Así, Marx decidió destruir la reputación de Proudhon como pensador serio. En 1847 se publicó como réplica a *La filosofía de la miseria* el libro de Marx *La miseria de la filosofía*. En ese libro, Marx intentó demostrar que Proudhon era completamente incapaz de pensar de forma abstracta.

Marx acusó a Proudhon de equivocarse con respecto de las categorías hegelianas al interpretar de forma un tanto ingenua el conflicto dialéctico como una simple lucha entre el bien y el mal. Finalmente, Marx acusó a Proudhon de querer poner remedio a los males del sistema existente sin intentar destruirlo.

Marx y Engels con sus respectivas esposas y la pequeña Jenny, de cuatro años de edad.

Friedrich Engels

Karl Marx todavía colaboraba en el periódico *Rheinische Zeitung* cuando conoció a Friedrich Engels, quien, de ser discípulo de Marx se convirtió pronto en su colaborador y amigo entrañable.

Los parecidos entre los dos hombres residían quizás en que Engels poseía un talento fuerte y una capacidad excepcional para el ejercicio del pensamiento. Y quizá también las diferencias entre los dos hombres propiciaron su estrecha colaboración.

En realidad, Engels fue para Marx el apoyo incondicional que éste necesitaba. Mientras Karl Marx escribía de forma pesada y con un estilo oscuro, Engels lo hacía de forma rápida y atrayente. Engels podía cambiar hábilmente en fluidez lo que Marx elaboraba en tortuosas y desaliñadas frases. A la vez que Marx podía tardar años en darse cuenta de lo que sucedía en un lugar, Engels analizaba en poco tiempo lo que estaba ocurriendo.

Friedrich Engels había nacido en Barmen, una ciudad de Prusia. El universo inicial de Engels había estado inmerso en un exagerado oscurantismo, donde incluso se castigaba el único hecho de haber pensado algo que no encuadrara con la moral del valle del Wupper, regido por las concepciones más atrasadas de la moral.

Los poetas y pensadores de la época eran considerados como el alma del demonio. La política, la filosofía y la literatura no eran más que armas del mal que se empleaban para introducir el paganismo y las malas costumbres en los jóvenes alemanes. Tal era el panorama del lugar donde se desarrolló la infancia y la juventud de Engels, el íntimo colaborador de Marx.

Engels descendía de una acaudalada familia de Barmen, que poseía una fábrica de hilados en dicha ciudad y otra en Manchester, Inglaterra. Engels fue tal vez una de las pocas personas que ya de jóvenes se dieron cuenta de la miseria que rodeaba a los trabajadores de las fábricas. Acaso fuera por esto que ya en su niñez se enfrascaba en las lecturas de los libros de caballería y se apasionaba por la literatura.

El padre de Engels hubiera deseado que su hijo primogénito siguiera la carrera de jurista, pero finalmente decidió encaminarlo hacia el mundo del comercio. De esta forma, una vez terminado el servicio militar, Engels tuvo que trasladarse a Manchester para convertirse en un hábil comerciante.

No obstante, el joven Engels logró emanciparse de los deseos de su padre. Los dos años que pasó en Manchester le permitieron conocer a fondo el sistema económico que regía la vida de los hombres que estaban insertos en él: los obreros. A la vez, le permitió trasladar su experiencia a uno de sus primeros escritos: «Esbozo de una crítica de la economía política», que se publicó en *Los Anales franco-alemanes*.

Coincidió con Marx en París y antes de que Engels partiera para Alemania decidieron redactar juntos un breve folleto, aunque terminó convirtiéndose en una compleja obra de más de trescientas páginas titulada *La Sagrada Familia*. El subtítulo de esta obra era «Crítica de la crítica crítica» y en realidad no era más que una crítica cáustica en forma de sátira de la «filosofía crítica» de Bruno Bauer y otros teóricos. Pero esta obra fue un fracaso. A nadie le preocupaba ya aquella polémica en torno a las teorías de Bruno Bauer, pues el libro apareció en 1845, cuando Engels ya estaba en Alemania y Marx en Bruselas.

Durante aquella época, en Alemania, los obreros se hallaban revolucionados. Aquella clase obrera constituía un peligro, ya que las masas se animaban a abandonar las fábricas y a recorrer las calles de las ciudades. Engels estaba sorprendido ante tanto movimiento.

Marx, por su parte, escribía a Engels pidiéndole que se reuniera con él en Bruselas, a fin de poder reanudar su trabajo en bajo en común. Finalmente, Engels se decidió a hacerlo en abril de 1845.

La amistad de Marx y Engels tiene elementos excepcionales. Más que amistad es una hermandad de ideales que los mueve a combatir juntos no sólo en la palestra política, sino también en la vida cotidiana. Engels no es pobre: su padre es un rico industrial, copropietario de una fábrica textil en Manchester. Aunque enemigo del «maldito comercio» como suele definirlo, Engels, salvo breves intervalos dedicados a la lucha política, trabajará toda su vida en la fábrica paterna hasta convertirse en copropietario él mismo a la muerte de su padre, e incluso en propietario único tras una serie de años de duro trabajo. Lo cual le permitirá sostener económicamente a Marx, además de compartir con él los trabajos políticos y los estudios sociales.

Al llegar desterrado a Bruselas, las autoridades belgas obligan a Marx a firmar un documento en virtud del cual se comprometía a no publicar nada en Bélgica acerca de las cuestiones políticas del momento. Como quira que el gobierno prusiano siguió insistiendo cerca del gobierno belga para que éste expulse a Marx, nuestro hombre hubi de renunciar a la ciudadanía prusiana. En adelante y hasta su muerte será un apátrida.

Al poco tiempo de llegar, Marx aumentó el número y la importancia de los comunistas belgas. Marx se inscribe en su «Liga de los Justos» que por influencia suya, en gran parte, pasa a llamarse «Liga de los Comunistas». Con Engels organiza unos comités de correspondencia —a cuyo trabajo epistolar dedica muchas horas— destinados a ir armonizando el pensamiento de todos los comunistas europeos, «desembarazándolo de los límites de la nacionalidad». Este primer contacto de internacionalismo europeo desembocará en el famoso *Manifiesto Comunista*.

48

CAPÍTULO VII

EN BRUSELAS

La «Liga de los Comunistas»

Cuando Engels se reunió con Marx en Bruselas, «La liga de los Justos» era el núcleo socialista más fuerte del momento, a pesar de que, según dijo el propio Marx, «constituía una mezcla de socialismo o comunismo franco-inglés y de filosofía alemana». Por otro lado, la Liga atraía a Marx por su honda desconfianza en los partidos y políticas oficiales y por la intención de formar un único partido que agrupara a los trabajadores a nivel internacional.

Sin embargo, Marx se mostraba por completo intolerante respecto a la persona de Weitling, al que consideraba responsable de la confusión teórica que padecía esa organización. Para Marx, Weitling no dejaba de ser un ignorante y además un ignorante que engañaba al pueblo diciéndole que las condiciones precisas para la revolución comunista se habían dado ya.

Marx y Engels, por su parte, con la idea de crear un organismo estable y de características diferentes, decidieron fundar en Bruselas el llamado «Comité de Correspondencia», con el que proponían, entre otras cosas, crear un movimiento que se desembarazara de los límites del nacionalismo y que en el momento de pasar a la acción permitiera estar al corriente de los asuntos del extranjero tan bien como de los del propio país.

En marzo de 1846, Marx invitó a Weitling a la reunión del comité de Bruselas, que acababa de constituirse. Se conoce lo que sucedió en aquella reunión, que se celebró concretamente el 30 de marzo, gracias a la descripción que hizo de ella el ruso Annenkov.

A la pregunta de Engels, que pidió a Weitling que expusiera cuáles eran, en su opinión, las perspectivas teóricas que deberían darse al movimiento, éste contestó con un confuso y largo discurso que rebosaba de todos los tópicos propios de la retórica liberal, proclamando la inutilidad de nuevos análisis económicos y la necesidad de que se pasara inmediatamente a la acción. Annenkov relata lo que sigue:

Habría proseguido sin duda alguna su discurso, si Marx no le hubiera interrumpido con el ceño fruncido por la ira. En una respuesta llena de sarcasmo, Marx afirmó que «quien se dirige a los obreros sin tener asentadas sus ideas sobre bases sólidas no hace más que engañarlos». Y que si no se formulaba un programa basado en una crítica científica de la sociedad, la propaganda revolucionaria acabaría por transformarse en un juego carente por completo de sentido, o peor, sin escrúpulos, que supondría, por un lado, la presencia de un apóstol ardiente de entusiasmo y, por otro, una serie de asnos escuchando boquiabiertos. Weitling replicó que basándose en análisis abstractos nunca se lograría nada. A estas palabras, Marx, completamente encolerizado, dio un puñetazo tan fuerte sobre la mesa que la lámpara estuvo a punto de caerse, y él, levantándose como un resorte, gritó: «¡Jamás la ignorancia ha sido útil a nadie!» La conferencia acababa de concluir de aquella manera y, mientras Marx, incapaz de dominar su ira, daba grandes pasos de un lado y a otro de la

estancia, yo me despedí de él y de los demás y regresé
a mi casa, aún impresionado por lo que acababa de
presenciar.

La actitud de Karl Marx en aquel momento no respondía única y exclusivamente a un acceso incontrolado de ira, sino que era más bien el trasluz del hombre y la teoría que habrían de acabar transformando la fisonomía del movimiento revolucionario. El grupo comunista de Londres, incluso aprobando la actuación de Marx en contra del confusionismo teórico y del aventurismo político, recomendó que en un futuro se tuviera una mayor moderación en relación con hombres a los que, a pesar de todo, había que considerarlos como revolucionarios militantes.

Pero en las cuestiones de principio Marx negaba toda moderación, ya que era un acérrimo enemigo de comerciar con cualquier clase de principios, y mucho menos claudicar de sus propias convicciones.

En el mes de febrero de 1847 el grupo dirigente de «La Liga de los Justos» invitó a Marx a prestar su adhesión a la misma, con el objeto de romper con la vieja tradición romántico-anarcoide y orientarla hacia un programa científico. Marx aceptó. En el transcurso de aquel congreso, la «Liga» cambió su nombre por el de «Liga de los Comunistas».

También se transformó el antiguo lema que declaraba que «todos los hombres son hermanos», al decir Marx que había muchos hombres de los que no desearía por nada del mundo ser hermano, y entonces se adoptó el lema propuesto por Marx y Engels que todavía suena hoy día por todo el mundo, el famoso: «Proletarios del mundo entero, uníos.»

Durante el otoño de 1847, en el transcurso del segundo Congreso de la «Liga», en el que Marx participó como delegado de Bruselas, la organización se transformó radicalmente por obra y gracia de Karl Marx, pues abandonó su carácter de secta de conspiradores y se dotó de un programa público. Marx consiguió imponer la nueva orientación diciendo que los comunistas rechazaban disimular sus ideas e intenciones. En compañía de Engels, recibió el encargo de escribir la nueva declaración programática. De esta forma nació el *Manifiesto Comunista*, que fue publicado en 1848 y que resumía en sus puntos esenciales las teorías desarrolladas ampliamente en textos anteriores y que contenía asimismo la base de las ideas ampliadas posteriormente. La lucha de clases, como concepto, pasó a convertirse en el instrumento por excelencia del análisis histórico.

El *Manifiesto comunista*

El *Manifiesto*, un pequeño ensayo de veintitrés folios, fue enviado a París antes de la insurrección de 1848, como si se tratara de una especie de demoníaca predicción.

Verdadero himno de la elocuencia, poseía al mismo tiempo una buena calidad estilística y un efecto propagandístico de gran trascendencia.

Construido de forma impecable, amenazaba, proponía, destruía y teorizaba. El mundo quedaba atrapado, como traducido en un esqueleto que lo revelaba en sus más profundos vericuetos, como un inmenso registro de la historia de la Humanidad.

En el momento de aparecer, el contexto europeo estaba sacudido por sublevaciones, que se habían gestado tiempo antes, y que tenían su explicación en la crisis económica que conmovía a esta parte del mundo. Europa acababa de sufrir los efectos de una notable industrialización, que a la vez había puesto en crisis la producción agrícola. La situación se había agravado con dos años de malas cosechas, lo cual había dado lugar a carestías, miseria y hambre. Particularmente dramática era la situación de Francia e Irlanda. En el mes de febrero de 1848 se acababa de instalar en Francia un gobierno provisional, integrado en parte por los socialistas partidarios de Blanc, el ministro de Trabajo. La ciudad estaba envuelta en una especie de fanatismo: el rey había huido y el nuevo gobierno parecía augurar un paso decisivo hacia el progreso de las fuerzas más radicalizadas de la sociedad.

A todo esto se añadían las noticias de varias sublevaciones en Viena, Milán, Berlín y Venecia, cuyas poblaciones acababan de levantarse en armas y que intentaban instaurar un nuevo mundo sobre las ruinas del anterior.

En Bruselas se seguían con entusiasmo las noticias que llegaban de París, ciudad con la que se habían cortado las comunicaciones.

CAPÍTULO VIII
REGRESO A PARÍS

Los exiliados alemanes que vivían en París constituyeron un grupo, llamado la Legión, para apoyar a los republicanos, dirigido por Herwegh. Su propósito era atravesar el Rhin y entrar en territorio alemán para ayudar militarmente a la sublevación alemana. Engels llegó a entusiasmarse con aquella idea y estuvo incluso a punto de sumarse a los revolucionarios. Sin embargo, Marx no compartía las ideas de Engels, y pensaba que el proyecto no era más que una vana ilusión que terminaría fracasando.

En realidad, Marx tenía razón, ya que los legionarios abandonaron París para cruzar el Rhin pero fueron apresados por las tropas alemanas que estaban al corriente de lo que tramaban los revolucionarios.

Alemania, no obstante, había reaccionado. Las sublevaciones se extendían rápidamente. Y Marx no tardó, en un comunicado, en dar respuesta a los acontecimientos. Las reivindicaciones del Partido Comunista alemán exigían entre otras cosas el sufragio universal, un ejército popular, la abolición de las cargas feudales, la separación de la Iglesia y el Estado, una república indivisible, enseñanza gratuita y la nacionalización de los bancos. El documento llegó a Alemania junto con el *Manifiesto*.

Pero también le llegó entonces a Marx la expulsión de Bruselas. Bélgica había dado asilo a muchos revolucionarios que, como Marx, se habían visto obligados a exiliarse por motivos políticos. Pero el asilo se había dado con una condición: no desarrollar bajo el amparo belga actividades políticas. Bélgica no se sentía segura y estaba enfrentada a sus desafiantes vecinos franceses. Prusia, al enterarse de que Marx se había instalado en Bruselas, no había perdido el tiempo, solicitando inmediatamente la expulsión de Karl cuando éste hubo renunciado a su nacionalidad prusiana. Y cuando se produjeron las sublevaciones, en Bélgica no fueron ajenos a ellas. Los emigrados alemanes salieron a la calle para manifestarse en apoyo de la república. Se sospechaba de Marx, y un puñal oculto en las ropas de un revolucionario, Wilhelm Wolff, determinó su detención. Dos policías lo encontraron en el Hotel du Bois en tanto Jenny era encarcelada. Y le dieron veinticuatro horas de tiempo para que abandonara el país.

Cuando fuimos liberados —escribió Marx en una carta dirigida al diario *La Réforme*—, *el plazo de veinticuatro horas acababa de expirar, y tuvimos que marcharnos toda la familia sin recoger ni siquiera lo más indispensable.*

La familia, en aquel momento, se componía de Jenny, esposa de Karl, Jenny, la hija primogénita, Laura, que había nacido en Bruselas en setiembre de 1845 y Edgar, apodado familiarmente Musch, que había nacido, también en Bruselas, en diciembre de 1846.

En el momento de la expulsión, Karl Marx recibió una carta en la que se le invitaba a ir a París, a donde en efecto se dirigió.

No tardó Engels, que se había quedado en Bruselas para arreglar algunos asuntos y organizar una campaña protestando por la expulsión, en reunirse con los expulsados.

Karl Marx, en plena madurez humana y filosófica.

De nuevo en su tierra

La estancia de Marx en París fue breve. Llegó el 25 de marzo de 1848, y el día 5 de abril decidió partir hacia Renania para ponerse en contacto con sus amigos comunistas. Una vez allí, el primer paso que decidieron fue crear un órgano de prensa que difundiera el programa revolucionario entre las masas. El dinero necesario salió de la burguesía liberal.

El diario fue llamado *Neue Rheinische Zeitung* —«Nueva Gaceta Renana»—, y apareció por primera vez la noche del 31 de mayo de 1848. Integraron la redacción Marx, Engels, Ferdinand Wolff, Wilhelm Wolff y Weerthe. Marx dio la orientación política.

La *Neue Rheinische Zeitung* tenía que ser el órgano de la democracia alemana, y exhortaba a no pagar los impuestos y a responder con la violencia a la violencia. Se adhirió por completo a la sublevación parisina, aunque preconizaba una alianza fundamental para evitar el aislamiento.

La política de la *Gaceta* era difícil, pues estaba llena de antagonismos y conciliaciones, que costaron a la revista la supresión de algunos números e incluso la oposición del propio Andreas Gottschalk, dirigente de la Liga de los Comunistas en Colonia, que solicitaba el inmediato boicot a las elecciones al Parlamento de Franckfort. No obstante, ganó la postura de Marx, de tendencia más moderada.

Entre tanto, el rey Federico Guillermo IV aprovechó la debilidad de la Asamblea y disolvió el Parlamento en junio de 1848. La *Gaceta* renana atacó con violencia al rey prusiano, pero éste no tardó en responder.

Por ello, la vida del periódico fue breve, ya que fue prohibido en el mes de setiembre. Pero Marx consiguió hacer reaparecer el periódico en octubre, en un momento en que la reacción dominaba ya en toda Europa. Cuando las viejas castas y la gran burguesía comenzaron a ajustar las cuentas a los revolucionarios, Marx tuvo que pagar con su propia persona. Fue procesado dos veces, y aunque el periódico fue absuelto, el gobierno obligó a Marx a abandonar Prusia, dado que al haber renunciado a la nacionalidad prusiana, no era más que un extranjero, y persona *non grata*.

Pero antes de marchar, para saldar las deudas que había contraído a causa de la publicación del periódico, Marx tuvo que echar mano de todos sus ahorros, y su mujer tuvo que empeñar una cubertería de plata que había heredado hacía poco.

De esta forma, Marx se vio obligado a recorrer de nuevo los caminos del exilio: la revolución socialista era un largo proceso histórico que debía madurar en las luchas cotidianas.

Nuevamente en París

La situación económica de la familia Marx era desesperante. Al poco tiempo de reunirse con su marido en París, Jenny escribió:

> *Hace un mes que llegamos a París, pero tampoco aquí nos quieren dejar quedar. Una mañana apareció un sargento municipal para notificarnos que teníamos un plazo de veinticuatro horas para abandonar París. La amabilidad de la policía fue tanta que nos propuso fijar la residencia en Vannes, en el Morbihan, la zona más insana de Francia.*

Marx pudo conseguir una prórroga para su mujer, que estaba esperando su cuarto hijo, pero él, en cambio, tuvo que partir inmediatamente hacia Inglaterra, el único país que no expulsó a Marx.

CAPÍTULO IX

LONDRES

Karl Marx llegó a Londres en 1849. Lo cierto es que él esperaba vivir allí unas pocas semanas, a lo sumo algunos meses, pero acabó por residir en la capital británica hasta el fin de sus días.

En aquel momento, Londres era el indiscutible centro de la industrialización, pero no se podía decir lo mismo en cuanto al mundillo intelectual, ya que en este aspecto, Inglaterra se encontraba bastante «aislada» del continente. Pero esto no fue obstáculo para Marx, que en el British Museum encontró la suficiente documentación para reanudar su tarea.

Sin embargo, Marx pasó en Londres la etapa más difícil de su vida, ya que la familia vivió con excesivos problemas económicos, que comportaron otros problemas, tales como enfermedades y, desgraciadamente, muertes.

La familia, después de mudarse sucesivas veces para encontrar alquileres módicos, fue a parar al Soho, un suburbio londinense ciertamente malsano. La vivienda constaba únicamente de dos estancias, que tenían que servir para bastantes usos, además de dormitorios para los siete miembros que habitaban la casa: el matrimonio, los cuatro hijos habidos hasta entonces, y Helene Demuth, una criada que permanecería con ellos hasta el fin.

Apenas tenían dinero para vivir, y Jenny se vio obligada a empeñar todo cuanto tenía de valor. En realidad, el único que les ayudó a nivel económico fue Friedrich Engels.

Si bien es cierto que esos años de exilio le beneficiaron como pensador, también es verdad que le obligaron a retirarse casi por entero al estrecho círculo formado por su familia, Engels, y otros pocos amigos íntimos, como Liebknecht, Freiligrath y Wolff. A nivel social, su agresividad e intolerancia fue creciendo con los años.

Cuando Marx llegó a Londres, el momento social era bastante desfavorable para sus pretensiones, ya que no se palpaba en el ambiente ninguna perspectiva de revolución. El movimiento de masas que los más optimistas creían podría desembocar en un claro comunismo, había sufrido una desmesurada derrota. Los observadores más progresistas habían sobreestimado sus fuerzas.

El movimiento estaba muy mal organizado, pues sus dirigentes no se ponían de acuerdo entre sí sobre los fines que debían proponer a sus seguidores o incluso en las medidas que debían adoptar para su consecución. Quienes más empeño ponían en el movimiento eran los sindicalistas, ansiosos por mejorar las condiciones del trabajo y a los que únicamente les interesaban cuestiones más generales en la medida en que éstas estuvieran relacionadas de alguna forma con la causa que defendían. Realmente, con ese panorama no se veían buenas perspectivas para crear un serio movimiento revolucionario que condujera a logros positivos.

Cuando Marx llegó a Londres, empezó por establecer contacto con los emigrados alemanes. Por aquel entonces, Londres era punto de mira de los exiliados políticos alemanes, intelectuales y poetas, muchos de los cuales, sobre todo los comunistas activos recientemente expulsados de Francia o Suiza, procuraban reconstruir la Liga comunista y renovar relaciones con los radicales ingleses.

Marx siguió sus tácticas habituales. Estaba convencido de que la revolución no había terminado y siguió empeñado en ello hasta el golpe de Estado que colocó a Luis Napoleón en el trono francés.

Mientras tanto, pasó lo que consideraba un intermedio en la lucha realizando las actividades normales de un exiliado político, pues asistía a reuniones de refugiados y disputaba con aquellos que le parecían sospechosos. Por lo general, los alemanes no eran muy amigos de cooperar con los restantes exiliados europeos, ya que les disgustaba la falta de método.

Los desastres de 1848 no hicieron tambalear en absoluto las creencias teóricas de Marx, aunque le obligaron a revisar de forma concienzuda su programa político. Durante los dos años anteriores le había influido tanto la propaganda de Weitling que incluso comenzó a creer, en contra de su natural inclinación hegeliana, que bien podría tener éxito una revolución que se llevara a cabo por medio de un golpe de Estado. E incluso se convenció de que no se necesitaría mucha gente para tal acción, ya que bastaría con un grupo reducido, pero resuelto, de revolucionarios bien adiestrados, y que, una vez tomado el poder, podrían mantenerse en él constituyendo el comité ejecutivo de las masas en cuyo nombre habrían actuado.

Lógicamente, después de tantos años de opresión y servidumbre no se podía esperar que las grandes masas de trabajadores fueran capaces de gobernarse a sí mismas o peor aún, destruir definitivamente las fuerzas que hubieran logrado neutralizar. Mas para esto habría de constituirse un partido que funcionara como una elite política e intelectual, y que debería gozar de la confianza del pueblo en virtud de su desinterés y su superioridad en todos los aspectos. Esta elite sólo funcionaría interinamente, hasta que se pudiera llegar a la abolición de todas las clases sociales.

Pero Marx tuvo que renunciar a esta idea en ciertos aspectos fundamentales después de los sucesos de 1848. Poco a poco fue descartando la concepción de la toma del poder por parte de la elite que había imaginado, pues le parecía impotente para lograr algo frente a un ejército regular hostil y a un proletariado ignorante y sin ningún tipo de adiestramiento. Y, sobre todo, a menos que el proletariado tomara conciencia del papel histórico que debería desempeñar, sus líderes serían completamente impotentes. Por supuesto, esto no se lograría en poco tiempo. Sería un arduo trabajo de concienciación, pero a menos que éste se llevara a cabo, no se conseguiría nada de provecho. Precisamente por esto, Marx se negó a apoyar, poco antes de que estallara, la revolución que dio lugar a la Comuna de París en 1871, aunque luego le dedicó un conmovedor y elocuente epitafio.

Otro de los puntos que modificó después de la revolución de 1848 fue la posibilidad de la colaboración con la burguesía. En plan teórico, todavía pensaba que la dialéctica de la historia necesitaba de un régimen burgués como preludio del comunismo completo; pero la fuerza de esta clase social en Alemania y Francia le convenció de que un pacto con ella perjudicaría notablemente a los trabajadores, ya que éstos constituían el poder más débil.

No obstante, aparte de las modificaciones en sus teorías revolucionarias, Marx no pasó inactivo los primeros años de su vida en Londres. Transformó el *Neue Rheinische Zeitung* en una revista, organizó comités de ayuda a los refugiados, publicó una denuncia sobre los métodos policiales en los juicios de Polonia contra sus amigos y, por último, logró la disolución de la Liga Comunista, por creer que una institución que promovía verdades a medias era más peligrosa si cabe que la inactividad total.

Durante este primer período en Londres, sus escritos más importantes se refirieron a los sucesos acaecidos en Francia: entre ellos los ensayos sobre la *Lucha de clases en Francia* y los artículos que volvió a publicar bajo el título de *El 18 Brumario de Luis Bonaparte.*

Otras actividades de Marx en esa época fueron unas conferencias populares sobre economía política, que pronunció en la Unión Educacional de Obreros Alemanes y también una amplia correspondencia con los revolucionarios alemanes exiliados por todo el continente europeo, y sobre todo con Friedrich Engels, quien se dedicó a trabajar en Manchester en la fábrica paterna de hilados. También se dedicaba a visitar —como hemos indicado ya— el British Museum, donde permanecía desde que abrían por la mañana hasta que cerraban por la noche. A esto seguían largas horas de trabajo en la mísera vivienda de Dean Street.

CAPÍTULO X

EL *NEW YORK DAILY TRIBUNE*

Una buena nueva vino a aliviar la precaria situación económica de la familia Marx.

El *New York Daily Tribune* le ofreció trabajo a través de Charles Augustus Dana. Al parecer, este hombre de ideas liberales había quedado impresionado cuando conoció a Marx en 1849 en Colonia, a través del poeta Freiligrath. De esta forma le propuso al editor del periódico, Horace Greely, que fuera Marx el corresponsal del mismo en Londres.

Así, Marx inició una serie de artículos que no sólo le proporcionaron una fuente de ingresos —aunque no muy elevada, ya que los artículos no estaban muy bien pagados—, sino que también fueron dando lugar a la elaboración de trabajos que se referían al año 1848 en Europa y a los países del Este, los cuales suscitaron un gran interés entre el público americano por su aguda destreza política y su impecable formación.

Marx estaba de nuevo abocado a la tarea periodística, pero ahora debía escribir en inglés.

Así, tuvo que contar con la ayuda de Engels, que arreglaba los artículos que le enviaba Marx. E incluso algunos artículos tuvieron que ser redactados por completo por Engels.

Por otro lado, Marx volvió a publicar los textos de Engels sobre la revolución alemana en un folleto titulado *La revolución alemana y la contrarrevolución*, que finalizaba asegurando que la revolución había de estallar con violencia todavía mayor en un futuro no muy lejano.

Creciente aislamiento

Desde que llegó a Londres, en 1849, hasta su muerte en 1883, Marx se fue aislando cada vez más. Aparte de los pocos ingresos de que disponía por su trabajo en el periódico neoyorquino, Freidrich Engels era la única persona que le ayudaba, tanto moral como económicamente.

Londres había recibido a Marx, lo mismo que al resto de exiliados políticos, con indiferencia.

Durante ese período de exilio londinense murieron tres de sus hijos. Primero fue Heinrich Guido, el cuarto de los hijos del matrimonio, cuando apenas contaba trece meses de edad. Dos años más tarde murió Franciska, la tercera de sus hijas. Jenny, su esposa, después de la muerte de su hija, cayó enferma. Posteriormente murió Edgar, cuando contaba seis años de edad, a causa de una tuberculosis intestinal.

Así, de los seis hijos, sólo quedaban tres con vida. Todo este cúmulo de desgracias afectaron profundamente a Marx, quien se consolaba únicamente en su amigo Engels. Además, su propia salud se resentía progresivamente a causa del tabaco, pues fumaba sin cesar y a raíz de esto empezó a padecer frecuentes ataques de una enfermedad hepática. Por otro lado, se veía acosado por una constante irritación en los ojos, que muchas veces le impedía proseguir con su trabajo, y unos forúnculos.

Marx no era excesivamente comunicativo y a pesar de sus desgracias nunca se abandonó a la compasión de sí mismo. En su correspondencia con Engels satirizaba a menudo los propios infortunios. Pero no ocurrió así cuando murió su hijo Edgar, por quien profesaba un tierno cariño.

De esta manera escribió a Engels:

> *Verdaderamente, he sufrido toda suerte de desgracias, pero únicamente ahora sé qué es la verdadera desdicha y el verdadero infortunio. En medio*

La inseparable obra de Marx y Engels elaboró un sistema de pensamiento profundo.

*de todos los sufrimientos de estos días me ha man-
tenido en pie el pensar en usted y en su amistad, así
como la esperanza de que todavía tengamos que
hacer algo razonable en este mundo. Bacon dice
que los hombres verdaderamente importantes tienen tantos contactos con la Naturaleza y el mundo,
encuentran tantos motivos de interés, que se repo-
nen con facilidad de cualquier pérdida. Pero yo no
pertenezco a esta clase de hombres importantes. La
muerte de mi hijo me ha afectado en tal forma que
siento la pérdida con tanta amargura como el primer día. Mi esposa está también completamente
deshecha.*

En otra carta a Engels le decía a su amigo que ni tan siquiera
tenía dinero para comprar medicinas, con lo cual no se deci-
día a llamar al médico.

Friedrich Engels, cuyos ingresos anuales durante aquellos años no eran excesivamente grandes, pues no debían de
pasar de cien libras, con las que debía mantener su establecimiento de Manchester, no pudo, sobre todo al principio,
proporcionarle gran ayuda económica, a pesar de su gran
generosidad. A veces, amigos de Colonia recolectaban pequeñas cantidades de dinero para él, que junto con los honora-
rios que recibía por los artículos del periódico le permitieron continuar subsistiendo. Por esto no es difícil entender
que odiara la pobreza, y la degradación y esclavitud que ella
acarrea.

Esto sucedía durante el período en que sus investigaciones sobre economía le obligaban a estudiar álgebra superior.
¡Y todavía se permitía releer a Hegel!

En el mes de julio de 1858 le escribió a Engels una carta
en la que se quejaba por la rabia que le producía ver cómo su
capacidad intelectual y de trabajo se perdían con todas las

calamidades que le sucedían, pues su esposa acababa de dar a luz a un niño muerto.

En noviembre de 1860 su mujer enfermó de viruela. La situación económica de Marx era tan desesperada que decidió interrumpir sus estudios para opositar a un empleo ferroviario, pero fue descartado por culpa de su ilegible caligrafía. No obstante, en medio de tan trágico asedio de la miseria, aislamiento, enfermedades y desgracias, seguía manteniendo su sentido del humor. En los momentos de mayor desmoralización, lo único que le sostenía era su vocación de científico revolucionario.

En febrero de 1866 escribió que si tuviera suficiente dinero para que su familia pudiera mantenerse con cierto decoro y hubiera terminado ya su libro, le sería indiferente por completo morirse o seguir viviendo.

Fue precisamente durante ese período tan desgraciado cuando Marx hizo su contribución más importante al desarrollo teórico del comunismo científico, redactando su monumental obra *Das Kapital*, la revolución teórica más importante experimentada por la cultura moderna y la denuncia más implacable de la «esclavitud» moderna.

El Capital se divide en tres partes, de la cuales la primera —*El desarrollo de la producción capitalista*— es la única que se publicó en vida del autor. Las dos restantes (*El proceso de la circulación del capital* y *El proceso de conjunto de la producción capitalista*) aparecieron después de la muerte de Marx, redactadas por Engels a partir de las notas y esbozos dejados por su amigo. Se considera que *El Capital* constituye la continuación de la *Contribución a la crítica de la economía política*.

El primer libro fue publicado en 1867, el segundo en 1885, el tercero en 1894 y el cuarto, a menudo llamado *Teoría de la plusvalía*, fue editado en 1905 y 1910 por Kautsky. La primera traducción completa en castellano data de 1942.

En *El Capital*, el objetivo de Marx no ha sido solamente describir el funcionamiento de los mecanismos de producción y de distribución de riquezas en el siglo XIX, sino mostrar las contradicciones del sistema y poner de manifiesto el sentido de la evolución de las instituciones económicas.

CAPÍTULO XI

LA PRIMERA INTERNACIONAL

En 1860, la influencia de Karl Marx se había reducido a un pequeño grupo de personas; en efecto, desde los juicios de Colonia, en 1851, se había perdido el interés por el comunismo; y con el avance de la industrialización y el comercio, la fe en la ciencia así como en el progreso y el liberalismo volvió a tomar un nuevo auge entre el pueblo.

El mismo Marx estaba empezando a ser considerado una figura histórica, comenzaba a vérsele sólo como el formidable teórico y agitador de una generación caduca, que ahora se encontraba exiliado y desamparado y que vivía precariamente en una oscura vivienda londinense escribiendo ocasionales artículos periodísticos.

Sin embargo, quince años después esta situación presentó un nuevo cambio. Todavía bastante desconocido en las Islas Británicas, la figura de Karl Marx se había agigantado en el extranjero, y en el mundillo político se le consideraba el instigador de cualquier movimiento que estallara en Europa, incluso el fanático director de un movimiento mundial empeñado en subvertir el orden moral, la paz, la felicidad y la prosperidad de la Humanidad. Los conservadores lo representaban como el demonio de la clase trabajadora, que conspiraba para minar y destruir la paz y la moral de la sociedad civilizada, y que se dedicaba a explotar sistemáticamente las peores pasiones del pueblo llano, y que incluso era capaz de crear injusticias y motivos de queja allí donde no los había. En cam-

73

bio, otros veían en él al más infatigable trabajador y devoto estratega de las clases obreras de todos los países del mundo, la única verdadera autoridad en cuestiones teóricas y el fundador de un movimiento irresistible que estaba destinado a terminar con la injusticia y la desigualdad, bien fuera por medio de la persuasión o de la violencia.

En realidad, lo que originó aquella transformación en la opinión de las masas fue la creación, en 1864, de la Primera Internacional de Obreros, que modificó de forma radical el carácter y la historia del socialismo europeo.

La Internacional

De forma completamente casual nació la Primera Internacional. Durante años, diversas organizaciones y comités se habían dedicado a intentar coordinar las actividades de los obreros de varios países, pero no se había logrado nada en concreto. Esto se debía a diversas causas. En primer lugar, estas organizaciones tenían un carácter general de conspiración y, por lo tanto, sólo eran capaces de atraer a pequeñas minorías de trabajadores radicales, intrépidos y superprogresistas; por otro lado, generalmente ocurría que antes de que pudiera lograrse ningún resultado concreto, las medidas represoras que adoptaban los gobiernos, o incluso una guerra extranjera, ponía fin a la existencia de los comités secretos. También ha de añadirse la falta de conocimiento y simpatía entre los obreros de las diferentes naciones que trabajaban bajo condiciones completamente distintas. Y, por último, y posiblemente la causa principal, fue la acrecentada prosperidad económica que sucedió a los años de carestía y revolución, al elevar el nivel general de vida, lo que favoreció el individualismo y estimuló la ambición personal de los trabajadores más audaces y más bien dotados, que sólo intentaron una mejora local y únicamente persiguieron fines inmediatos, no planteándose en modo alguno, por no serles atrayente en absoluto, la idea de una alianza internacional contra la burguesía, temerosos de perder lo conseguido.

El proceso obrero alemán, conducido por Ferdinand Lasalle, es un ejemplo típico de aquellos movimientos únicamente internos, muy centralizados, pero limitados a un único país, y alentados por la optimista esperanza de que, poco a poco, irían forzando al enemigo capitalista a pactar con ellos sin tener que recurrir a un alzamiento revolucionario o a la toma violenta del poder. Esta esperanza estaba alentada por la política antiburguesa de Bismarck, que parecía inclinar la balanza en favor de los trabajadores. En Francia, la temible derrota de 1848 dejó al proletariado urbano muy desarticulado, de tal forma que por muchos años fue incapaz de una acción a gran escala. Tampoco les desalentaba totalmente el gobierno de Napoleón III, pues el propio emperador se había mostrado en su juventud partidario de los campesinos, artesanos y obreros fabriles, a los que parecía incluso alentar contra la burocracia capitalista en su deseo de presentar su monarquía como una novedosa y sumamente sutil forma de gobierno, una mezcla original de monarquismo, republicanismo y democracia conservadora, mientras que el gobierno, aunque estaba centralizado y sólo debía rendir cuentas al emperador, en teoría reposaba en última instancia en la confianza del pueblo y había de ser, por lo tanto, una institución enteramente nueva y cabalmente moderna, sensible a las nuevas necesidades y dispuesta a asumir todos los matices del cambio social.

Parte de la complicada política imperial de conciliación social consistía en el mantenimiento de un delicado equilibrio de fuerzas entre las clases, a fin de que las unas se arrojasen sobre las otras. Por esto se permitió a los obreros constituirse en sindicatos, aunque siempre bajo una estricta supervisión policial, para contrarrestar de esta forma el peligroso poder creciente de la aristocracia financiera, de la que se sospechaba una lealtad orleanista. Los obreros, que por otro lado no tenían mejores opciones, aceptaron, aunque con reservas, la mano oficial que se les tendía y comenzaron a constituir asociaciones sindicales, proceso a medias alentado y otras veces estorbado por las autoridades.

Cuando se inauguró en Londres la gran Exposición de la Industria Moderna en 1863, se dieron facilidades a los trabajadores franceses para que pudieran visitarla, y una representación de los mismos fue a Inglaterra. En teoría, esta representación acudía a la Exposición con el objetivo de estudiar los últimos logros de la industria. No obstante, se concertó una reunión entre los trabajadores franceses y los representantes de los sindicatos ingleses. En esta reunión, que en un principio tenía posiblemente intenciones tan superficiales como otras de su clase y parecía estar estimulada por el deseo de ayudar a los demócratas polacos exiliados como consecuencia del abortado levantamiento ocurrido en Polonia aquel año, se discutieron cuestiones tales como la comparación de las horas de trabajo y salarios entre Francia e Inglaterra y la necesidad de impedir a los patronos que importaran mano de obra barata con la que quebrar las huelgas organizadas por los sindicatos locales.

A raíz de esta primera toma de contacto se convocó otra reunión para constituir una asociación que no había de limitarse únicamente a mantener discusiones y a comparar datos, sino que perseguiría el propósito de comenzar una activa cooperación económica y política y, tal vez, a promover una revolución internacional democrática. En esta ocasión, la iniciativa no partió de Marx, sino de los propios trabajadores ingleses y franceses. Por lo demás, la reunión congregó a radicales de diversas tendencias, a los demócratas polacos, a los mazzinistas italianos, a los proudhonistas, blanquistas y neojacobinos franceses y belgas; es decir, en un principio fue bien recibido cualquiera que deseara el derrocamiento del orden existente.

La segunda reunión

La segunda reunión tuvo lugar en St. Martin's Hall, en Londres, y fue presidida por Edward Beesly, a la sazón profesor de Historia Antigua de la universidad londinense, un hombre radical y positivista que pertenecía al reducido grupo de Frederic Harrison y Compton, quienes habían sido profundamente influidos por Comte y los primeros socialistas franceses. Se sabía que sus miembros apoyaban cualquier medida progresista, y durante muchos años fueron casi los únicos hombres cultos de su tiempo que se alinearon junto a Mill en la defensa de la causa impopular del sindicalismo, en un período en que era denunciado en la Cámara de los Comunes como instrumento deliberadamente ideado para fomentar una mala voluntad entre las clases. Aquella reunión resolvió constituir una federación internacional de trabajadores, que estuviera empeñada, no solamente en la reforma, sino también en la destrucción del sistema existente de relaciones económicas, que debería sustituirse por otro en el cual los obreros adquirirían la propiedad de los medios de producción, para poner así fin a la explotación económica de que eran objeto y que el fruto de su trabajo se compartiría de forma cooperativa, lo cual conllevaba la abolición total de la propiedad privada en todas sus formas.

Marx, que antes se había mantenido fríamente apartado de todas las reuniones demócratas, percibió el carácter serio de este último intento de constituir una combinación de fuerzas, pues estaba organizada por representantes de auténticos trabajadores, y advirtió objetivos definidos y concretos en los que cabía claramente su propia influencia.

Karl Marx tomaba parte en muy pocas ocasiones en un movimiento que no hubiese iniciado él mismo. Pero esta vez iba a hacer una excepción. Los artesanos alemanes residentes en Londres lo nombraron su representante en el comité ejecutivo, y cuando se celebró la segunda reunión para votar la constitución, fue él quien se hizo cargo de los procedimientos. Los delegados italianos y franceses redactaron los estatutos, pero fue el propio Marx quien los rectificó de su propia mano y agregó un mensaje inaugural que escribió para aquella ocasión. La constitución, que del modo en que la había concebido el Comité era un tanto vaga, humanitaria y estaba insuflada de liberalismo, surgió de sus manos como un sólido documento militante que fundaba un cuerpo rigurosamente disciplinado, cuyos miembros estaban obligados a ayudarse mutuamente, no sólo para mejorar sus condiciones comunes, sino para intentar derribar, allá donde fuera posible, el sistema capitalista por medio de la acción política. De esta forma se aprobó la nueva constitución y Marx empezó a trabajar.

El mensaje que abrió la Primera Internacional fue, dejando aparte el *Manifiesto* el documento más destacado del movimiento socialista. Entre los puntos principales de su contenido destacan, por ejemplo, la creación de una organización política de los trabajadores con el fin de conquistar el poder; la consolidación de los lazos fraternos entre los trabajadores de los distintos países; el interés por la política internacional. Además, se establecía la necesidad de llevar a cabo un congreso anual y la publicación de informes sobre el trabajo realizado. De esta forma, poco a poco, la Internacional empezó a demostrar su eficacia. En casi todos los países del mundo se fueron creando sindicatos de trabajadores, los cuales se incorporaron al movimiento para luchar por una reducción de la jornada laboral, mejoras salariales, representación política, etcétera.

Marx asistió todos los martes a las reuniones del Consejo. Todos, excepto aquellos en los que su enfermedad le obligaba a guardar cama. Marx contaba, por entonces, cuarenta y seis años, aunque por su apariencia parecía mucho mayor.

Por otro lado, la situación económica en su hogar seguía siendo precaria. Hacia 1861, el *The New York Daily Tribune* canceló el contrato que mantenía con Marx, con lo que aquellos ingresos, aunque pocos, dejaron de aliviar sus gastos. Se había podido cambiar de domicilio. La familia ya no vivía en el Soho, sino en Kentish Town. Por lo que respecta a la Internacional, si bien representaba para él más trabajo, en cambio, a la postre, no le reportaba ningún tipo de beneficio económico.

El 18 de junio de 1862 Marx escribía a Engels con la terrible crudeza que permitía la intimidad entre ambos: «Mi mujer me dice que desearía encontrarse en la tumba, junto con sus hijos, y no puedo reprochárselo, porque en este momento, las humillaciones, los terrores y los tormentos son intolerables.»

Si Marx luchó siempre contra toda suerte de dificultades económicas, contra concepciones arcaicas, contra una serie de dogmas, no fue sólo porque era un revolucionario, sino porque creía que se sentía capaz de dar al socialismo ideológico una creación original. El socialismo y el comunismo existían con anterioridad a Marx. Pero de Marx procede la nueva teoría que da al socialismo y al comunismo contemporáneo un contenido científico.

Marx no sólo era original, sino que además poseía un talento científico de primer orden. Su concepción de que el salario actual podía equipararse sustancialmente a la renta del suelo del señor feudal, marca —sea acertado o erróneo— a su autor con el sello del talento científico, aun cuando ésta hubiera sido su única contribución a la historia del pensamiento. El análisis teórico constituía para Marx una necesidad vital, y nunca llegó a satisfacerlo por completo. Es una de las razones de su éxito. En la época en que se editó el primer volumen de *El Capital*, no había en Alemania nadie que hubiese podido medirse con él, ni en poder de penetración, ni en saber teórico.

Buena parte de los autores marxistas han exagerado el perfil determinante de algunos postulados de Marx. Sin embargo, son numerosos los textos en los que se exalta, frente a Feuerbach, la capacidad del hombre para modificar su destino. Más frecuentemente se ha petrificado el pensamiento de Marx, que no debería desprenderse de la situación histórica en que fue formulado. Al respecto escribe Lefebvre que hay que leer a Marx sin aceptar verdades ocultas, sino más bien análisis momentáneos que explican las leyes de la evolución social.

CAPÍTULO XII

ENFRENTAMIENTO CON BAKUNIN

En realidad, cualquier cosa en la Internacional pasaba por las manos de Marx, y a todo se le imprimía su orientación. Algunas secciones formularon vagas protestas, pero fueron inútiles. Marx gozaba por completo de autoridad en el Consejo, y poco a poco fortalecía más su poderío, insistiendo en que se mantuviera una rígida conformidad con cada uno de los puntos del programa original.

Pocas veces asistió Marx a las reuniones del Congreso de la Internacional, pues prefería permanecer en Londres y asistir a las del Consejo. Así, confiaba sus instrucciones a delegados que asistían a los congresos en su nombre. Casi todos los delegados de Marx eran alemanes.

Se celebraron congresos anuales en Londres, Ginebra, Lausanne, Bruselas, Basilea..., en los que se discutían problemas generales y se adoptaban medidas para solucionar otros; se aprobaban decisiones respecto a las horas de trabajo y a salarios.

La principal preocupación de Marx era llegar a la clara formulación de una política internacional concreta en términos de exigencias específicas coordinadas entre sí, así como a la creación de una disciplina rigurosa que garantizara una total adhesión de la clase trabajadora a esta política. De esta forma se opuso con éxito a todos los ofrecimientos de alianza con organizaciones únicamente humanitarias, como la Liga de la Paz y la Libertad, que se había fundado bajo la inspiración de Mazzini, Bakunin y Stuart Mill. Esta política dictatorial estaba destinada a sembrar el descontento y las intrigas en contra de Marx. Esto sucedió cuando Bakunin, miembro de la Internacional, se alzó contra el dirigente.

Durante los primeros años habían sido los seguidores de Proudhon quienes se habían opuesto a su orientación «centralista y autoritaria». Pero las luchas internas hicieron peligrar la continuidad de la organización cuando Marx encontró en el anarquista Bakunin un poderoso antagonista. Su pasado revolucionario le conceptuaba como un «hombre de acción» de gran valor personal, y tan inteligente y astuto, sobre todo en cuanto a la táctica política se refiere, como Karl Marx.

Cuando Mihail Bakunin se presentó en Londres en 1864, Marx lo enjuició como sigue en una carta a Engels:

> *Mihail Bakunin es una de las pocas personas que pasados dieciséis años no sólo no ha retrocedido, sino que ha logrado evolucionar considerablemente.*

Bakunin había ingresado en la Internacional por invitación de Marx. Pero los dos hombres eran conscientes de sus rivalidades mutuas.

Bakunin rechazaba el comunismo porque concentraba todo el poder en el Estado y conducía a la fuerza a la centralización de la propiedad en sus manos. Bakunin pretendía abolir el Estado, que, según él, «hasta hoy ha esclavizado, expoliado, oprimido y humillado a las personas». Y rechazaba de forma directa todas las acciones políticas no encaminadas a la revolución social.

Por otro lado, para Bakunin, la concepción de una federación de organizaciones locales semi-independientes tenía que ser aprobada, y ciertamente cada vez ganaba mayores adeptos entre las secciones italiana, suiza y francesa de la

A pesar de su elegante aspecto, Marx tuvo que luchar siempre contra toda clase de dificultades.

Internacional. Finalmente, éstas decidieron constituirse, bajo la dirección de Bakunin, en un organismo que se llamaría Alianza Democrática. Este organismo seguía afiliado a la Internacional, pero poseía una organización propia, con lo cual se oponía a la centralización y defendía la autonomía federal.

Marx, lógicamente, no podía consentir esta escisión. La Internacional no estaba concebida como una sociedad consultiva en el seno de una asociación más o menos libre de comités radicales, sino como un partido único que perseguía un fin único en todos los centros de su influencia. Marx estaba firmemente convencido de que toda conexión con Bakunin estaba destinada a acabar en una traición a la clase trabajadora. Por su parte, Bakunin nunca había ocultado la antipatía que sentía por Marx.

Los ataques de Bakunin contra Marx no podían pasar inadvertidos, y tanto más cuando estaban preñados de antisemitismo. Sin embargo, cuando Herzen le pidió en 1869 que abandonara la Internacional, dijo que no podía unirse a los oponentes de un hombre que había servido a la causa socialista durante tantos años con tanta energía.

Marx no desestimaba el poder y la energía revolucionarios de Bakunin para excitar la imaginación popular de las gentes, y precisamente por esto lo consideraba una fuerza peligrosamente destructora que engendraría el caos allí donde se lo propusiera. Por tanto, finalmente se decidió a lanzar un ataque abierto contra Bakunin, y tanto éste como sus seguidores terminaron por separarse de las filas de la Internacional. Esto sucedía en 1870.

La confrontación entre Marx y Bakunin que tanto influyó en el fracaso de la Primera Internacional, tenía una base personal; se ha hablado de la germanofobia de Bakunin y de la rusofobia de Marx, sin más argumentos que anécdotas escasamente probatorias; los contrastes de caracteres entre dos personalidades fuertes han sido testificados por muchos, entre otros por el español Anselmo Lorenzo, uno de los fundadores del anarquismo hispano. No hay que detenerse, pese a estas referencias, en el choque personal: marxismo y bakuninismo estaban separados por inconjugables diferencias ideológicas. Veamos su síntesis:

— Diferente concepción de la historia. Marx concibe la historia como un proceso de fuerzas supranacionales, sus piezas son *las clases sociales*; Bakunin centra su atención en el hombre concreto, al que considera capaz de vencer las fuerzas de la historia. Bakunin es más individualista.

— La revolución social ha de prepararse, con una primera fase de toma de conciencia, y será protagonizada por los obreros industriales, afirma Marx. Las acciones individuales, los actos espontáneos y aislados, pueden crear una situación revolucionaria, asegura Bakunin, quien, por otra parte, considera a los campesinos como las masas revolucionarias en potencia. El bakuninismo se difundió más por los países de base agraria e insuficiente industrialización, como España y Rusia.

— Postulado de Marx es la dictadura del proletariado, o conquista del poder; la oposición de Bakunin a toda clase de poder le lleva a rechazar de plano la dictadura del proletariado. A sí mismos los anarquistas se llaman «socialistas antiautoritarios».

— La aceptación por los marxistas del juego político, interviniendo en elecciones y parlamentos, les separa radicalmente de los anarquistas, que abominan de la política, no llegan a fundar partidos sino sindicatos y no participan en el juego electoral ni en la vida parlamentaria, lo que les restó influencia.

Frente a la Asociación Internacional de Londres controlada por Marx, Bakunin funda la Alianza de la Democracia

Socialista o Alianza Secreta Anarquista en 1864 en Italia, que se uniría a la AIT como una sección más, pero por incompatibilidades terminaría por ser expulsada del grupo marxista.

CAPÍTULO XIII

LA COMUNA DE PARÍS

Como ya hemos dicho en un capítulo anterior, Karl Marx terminó de redactar el primer volumen de *El Capital* en 1865, aunque no fue publicado hasta dos años después. Precisamente a partir de la publicación de su obra cumbre, la figura de Marx adquirió una nueva reputación. En realidad, sus libros anteriores no habían producido casi ningún efecto, ni tan siquiera en los países de habla germana, pero se escribieron reseñas críticas de su nueva obra y en los diez años siguientes fue traducida al francés, inglés, ruso y al italiano. Incluso el propio Bakunin se ofreció a traducirla al ruso. Pero en realidad, esta tarea quedó en la nada cuando estalló el escándalo personal entre los dos personajes, lo que en parte motivó la escisión de la Internacional cinco años después.

El súbito ascenso a la fama de esta organización se debió a un suceso de capital importancia que dos años antes había modificado la historia de Europa y cambiado por completo la dirección en que hasta entonces se había desarrollado el movimiento de la clase trabajadora.

Marx y Engels habían profetizado algunas veces sucesos que no habían llegado a ocurrir, y más de una vez no vaticinaron sucesos que sí ocurrieron. Así, Marx no pensó que se produjera la guerra de Crimea, y apoyó al bando inadecuado en la guerra austro-prusiana. La guerra franco-prusiana de 1870 fue para ellos completamente inesperada. Durante largos años habían subestimado el poderío prusiano, e incluso

Marx se engañó, en cierto modo, por las declaraciones de Bismark de que libraba una guerra puramente defensiva, ya que suscribió la protesta que el Consejo de la Internacional publicó inmediatamente, lo cual muchos socialistas de países latinos nunca perdonaron. La Internacional en general, y en particular sus miembros alemanes, se comportaron de forma irreprochable durante toda la breve campaña.

En su proclama lanzada en medio de la guerra, el Consejo advirtió a los obreros alemanes que no apoyaran la política de anexión que estaban convencidos iba a seguir Bismarck; explicó en términos claros que los intereses del proletariado alemán y los del francés eran idénticos, y que sólo les amenazaba el enemigo común, la burguesía capitalista de ambos países, la cual había desencadenado la guerra en procura de sus propios fines, derrochando la vida y la sustancia de la clase trabajadora, tanto de Alemania como de Francia. Exhortaba asimismo a los obreros franceses a apoyar la formación, a su debido tiempo, de una república sobre bases ampliamente democráticas. Durante la salvaje oleada de patriotería guerrera que se desencadenó sobre Alemania y que sumergió hasta el ala izquierda de los lassallianos, sólo los marxistas Liebknecht y Bebel conservaron la cordura.

Para irritación de todo el país, se abstuvieron de votar a favor de la concesión de créditos de guerra y hablaron enérgicamente contra ésta en el Reichtag y, en particular, contra la anexión de Alsacia y Lorena. Por ello se les acusó de traidores y fueron encarcelados.

En una carta a Engels, Marx le hacía notar que la derrota de Alemania, que habría fortalecido el bonapartismo y paralizado a los trabajadores alemanes por mucho tiempo, hubiera sido todavía más desastrosa que la misma victoria alemana. Al trasladar el centro de gravedad de París a Berlín, Bismarck, aunque de forma inconsciente, favorecía la causa de los obreros, ya que los trabajadores alemanes, al estar mejor organizados que los franceses, constituían una fortaleza más fuerte de la democracia social que la de los franceses, al tiempo que la derrota del bonapartismo alejaría de Europa aquella angustia.

A principios del otoño, el ejército francés cayó derrotado en Sedán, el emperador fue hecho prisionero y la capital de Francia, sitiada. El rey de Prusia, que había jurado que la guerra era sólo defensiva y no iba en contra de Francia sino de Napoleón, cambió de táctica y, apoyado por un plebiscito popular exigió la cesión de Alsacia y Lorena y el pago de una indemnización de cinco mil millones de francos. La opinión inglesa, hasta aquel momento decantada a favor de Alemania, cambió de postura, influida por los continuos informes de las atrocidades llevadas a cabo en Francia por los prusianos.

A su vez, la Internacional publicó un segundo manifiesto en el que se protestaba violentamente contra la anexión, denunciando además las ambiciones dinásticas del rey prusiano y exhortando a los trabajadores franceses a unirse a todos los defensores de la democracia contra el común enemigo que era Prusia.

Ahora, no sólo Liebknecht y Bebel, sino también los seguidores de Lasalle, votaron en contra de la concesión de créditos de guerra. Marx escribió de nuevo a Engels comunicándole que por primera vez los principios y la política de la Internacional habían logrado reconocimiento público en una asamblea legislativa europea: la Internacional se había convertido así en una fuerza que era preciso tener en cuenta en adelante, y al fin empezaba a realizarse el sueño de un partido proletario unido que perseguía idénticos fines en todos los países.

Estando amenazada por el hambre, París acabó por capitular y entonces se eligió una asamblea nacional. Thiers fue nombrado presidente de la nueva república y formó un gobierno provisional que sustentaba opiniones conservadoras. En marzo, este gobierno intentó desarticular a la Guardia Nacional de París, la fuerza ciudadana voluntaria que mostraba signos de simpatías radicales. La Guardia, sin embargo, se negó a dejar las armas, declaró su autonomía, desfenestró a los funcionarios del gobierno provisional y eligió un comité revolucionario del pueblo como legítimo gobierno de Francia. Las tropas regulares fueron trasladadas a Versalles y sitiaron la ciudad rebelde. Ésta fue la primera campaña que ambos bandos reconocieron inmediatamente como una abierta guerra clasista.

La Comuna, nombre que el nuevo gobierno se dio a sí mismo, no fue ni creada ni inspirada por la Internacional; ni tan siquiera fue socialista en sus doctrinas. Estaba compuesta por gente diversa, en su mayor parte adeptos de Blanqui, Proudhon y Bakunin.

La revolución se alzó en un momento de histeria nacional, después de la miseria material y moral en una capital sitiada y tras una capitulación, en un momento en que la revolución nacional que prometía arrumbar con los últimos coletazos de la reacción bonapartista y orleanista, abandonada por la clase media, denunciada por Thiers y sus ministros, dubitativa en obtener el apoyo de los campesinos, parecía amenazada por el regreso de los temidos generales, sacerdotes y financieros. Gracias a un gran esfuerzo, el pueblo iba apartando de sí una pesadilla tras otra: primero el imperio, luego la guerra.

Pero como las provisiones continuaban escaseando, cundió el terror; entonces se decretaron prohibiciones, se condenó y ejecutó a hombres y mujeres, muchos de ellos inocentes. Europa observaba los monstruosos acontecimientos con gran indignación, de tal modo que las atrocidades de la Comuna no tardaron en ser vengadas. Las represalias que tomó el ejército victorioso cobraron la forma de ejecuciones en masa.

La Internacional vaciló. Estaba compuesta principalmente por opositores de los proudhonistas, blanquistas y neojacobinos, contrarios al programa federal y, en particular, a los actos de terrorismo. Los miembros ingleses estaban particularmente ansiosos de no transigir, de no asociarse abiertamente a un organismo que, en opinión de la mayoría de sus conciudadanos, era apenas mejor que una pandilla de criminales comunes. Marx disipó sus dudas con un acto sumamente característico. En nombre de la Internacional, publicó un mensaje en el que proclamaba que había pasado el momento del análisis y la crítica. Después de ofrecer una rápida y vívida reseña de los sucesos que condujeron a la creación de la Comuna, a su surgimiento y caída, la aclamó como la primera manifestación abierta y desafiante registrada en la historia del poderío e idealismo de la clase trabajadora, como la primera batalla campal que éste había librado contra los opresores a los ojos de todo el mundo. Y fue todavía más lejos. Reconoció el reemplazo del Estado burgués por la Comuna como la forma de transición en la estructura social indispensable para que los trabajadores obtuvieran la emancipación final. Consideraba el Estado como encarnación de la civilización y justicia del orden burgués que legalizaba el parlamentarismo y que, una vez desafiado por sus víctimas, se presentaba como abierto salvajismo. Las raíces y ramas del Estado debían ser por tanto destruidas. Y de esta forma, una vez más, se retractaba de la doctrina del *Manifiesto* que afirmaba, contra las ideas de los utópicos franceses y de los primeros anarquistas, que el fin inmediato de la revolución no era destruir, sino tomar el Estado y en él aplastar al enemigo.

A la vez que aprobaba muchas de las medidas adoptadas por la Comuna, la censuraba por no ser lo bastante implacable y radical; tampoco creía en su aspiración de lograr una inmediata igualdad en lo social y en lo económico.

El folleto, al que más adelante tituló *La guerra civil de Francia*, no estaba concebido en principio como un estudio histórico; se trataba de una maniobra táctica caracterizada por la audacia y la intransigencia. A menudo sus propios seguidores achacaron a Marx el permitir que la Internacional fuese asociada, en la mente popular, a una banda de infractores de la ley y asesinos con lo que se granjeó una inmerecida reputación.

La publicación del folleto desconcertó a muchos miembros de la Internacional, lo que apresuró su disolución. Marx intentó salir al paso de todos los reproches pero lo único que logró fue convertirse en el blanco del odio popular. «El rojo doctor terrorista», como se le conocía por entonces, comenzó a recibir cartas anónimas y su vida se vio varias veces amenazada.

Finalmente, el alboroto se diluyó, pero el perjuicio hecho a la Internacional fue permanente, ya que su imagen quedó enlazada, lo mismo para la policía que para el pueblo, a las atrocidades cometidas por la Comuna.

Últimos años de la Internacional

Durante los años 1870 y 1871 no se celebró ninguna reunión de la Internacional, pero en 1872, el organismo fue convocado en Londres. La propuesta más importante presentada en aquel Congreso, en la que se preconizaba que la clase trabajadora dejara a partir de entonces de confiar, para la lucha política, en la ayuda de los partidos burgueses, y que formara un partido propio, fue aprobada después de un tormentoso debate. El nuevo partido político no se constituyó en vida de Marx, pero de esta unión nació el Partido Laborista. En ese mismo Congreso, los delegados ingleses insistieron en el derecho de formar una organización local separada, en lugar de estar representados como antes por el Consejo General. Esto no agradó a Marx; se trataba de un gesto de desconfianza y al punto sospechó de ciertas maquinaciones por parte de Bakunin. Y entonces pidió que se trasladara la sede del Consejo a Estados Unidos. Los congresistas comprendieron que aquello equivalía a la disolución de la Internacional.

Los críticos de Marx manifiestan que éste juzgaba el mérito de todas las asambleas socialistas únicamente por el grado en que a él le estaba permitido dominarlas. Por lo tanto, al

Das Kapital.

Kritik der politischen Oekonomie.

Von

Karl Marx.

Erster Band.

Buch I: Der Produktionsprocess des Kapitals.

Das Recht der Uebersetzung wird vorbehalten.

Hamburg

Verlag von Otto Meissner.

1867.

New-York: L. W. Schmidt. 24 Barclay-Street.

Publicación del primer volumen de El Capital, *en el año 1867.*

ver que la Internacional se le escapaba de las manos, prefirió que ésta terminara sus días apaciblemente.

Y así fue. En 1876, en Filadelfia, el Consejo General resolvió la disolución de la Primera Internacional.

La Segunda Internacional, en la que los marxistas cifraron sus esperanzas, impuso, en efecto, las teorías de Marx, pero éste ya no vivía para testimoniarlas. Sin embargo, su influencia y la de Engels es constante en todo el período anterior a la Primera Guerra Mundial. En julio de 1889 se convocan dos Congresos en París para conmemorar el centenario de la toma de la Bastilla. En el segundo se destaca la presencia de los dos yernos de Marx (Longuet y Lafargue) y del español Pablo Iglesias, fundador del PSOE (Partido Socialista Obrero Español) y se estudian conquistas inmediatas, como la del sufragio universal en las naciones que todavía no lo han establecido. Nota diferencial de la Segunda Internacional con respecto de la Primera es el respeto por las diferentes opciones de los partidos nacionales, entendiendo la organización como una federación que a diferencia de la anterior no impone acuerdos y acepta la pluralidad de tácticas, si bien en sucesivos congresos los anarquistas quedarán excluidos y seguirán una vía alejada que aseguraría que únicamente el régimen parlamentario permitiría un día el acceso de los obreros al poder.

CAPÍTULO XIV

LOS ÚLTIMOS AÑOS DE KARL MARX

La última etapa de la vida de Karl Marx, alejado ya de la vida pública, la dedicó a estudios teóricos y vanos esfuerzos por curar sus dolencias.

La familia se había mudado de Kentish Town a una casa de Haverstock, y luego a otra, no lejos de donde vivía Engels, el cual, por su parte, había vendido a su socio la parte que le correspondía del negocio familiar y se había instalado en una amplia casa de St. John's Wood, en Londres. Había fijado una renta permanente para Marx, la cual, aunque era modesta, le permitió al filósofo proseguir sin grandes desasosiegos su obra.

Marx y Engels se veían casi todos los días, y ambos personajes mantenían una inmensa correspondencia con socialistas de todo el mundo.

Por aquel entonces, Marx era, sin lugar a dudas, la suprema autoridad del socialismo internacional. Pero Marx estaba ya cansado. La energía de que había dado muestras durante toda su juventud, se había venido abajo. Empezó a preocuparse seriamente por su salud. Eleanor, su hija más pequeña, visitaba cada año algún balneario inglés, y Marx le acompañaba. Allí solía encontrarse con viejos amigos y seguidores, que muchas veces iban acompañados de jóvenes historiadores o economistas que deseaban fervientemente conocer al renombrado revolucionario. Pero cuando su salud se lo permitía, Marx retomaba su ritmo habitual de trabajo, levantándose a las siete de la mañana y trabajando hasta la hora de la comida, para proseguir después de ella. Y por la noche, luego de cenar con la familia, retomaba de nuevo su trabajo.

Dedicaba, no obstante, los domingos a sus hijos, y cuando éstos fueron mayores y se casaron, a sus nietos.

Sin embargo, a pesar de las curas que había hecho, iba notando el agravamiento de su enfermedad. Por otro lado, también Jenny, su esposa, sufrió una crisis en su dolencia. En octubre de 1881, Marx tuvo que guardar cama a consecuencia de una bronquitis complicada con una congestión pulmonar. Su mujer, víctima del cáncer, murió a principios de diciembre de aquel año de 1881. Los médicos prohibieron a Marx que asistiera al entierro, pues físicamente declinaba con rapidez.

Marx sobrevivió a su esposa dos años. En 1882 y después de un invierno extremadamente crudo, su médico lo envió a Argel para intentar que se repusiera. Allí llegó con una aguda pleuresia, que contrajo en el viaje. Pasó un mes en África del Norte, donde reinaba un clima insólitamente frío y húmedo, y regresó a Europa completamente agotado y enfermo.

Después de algunas semanas de viaje por La Rivière en busca de sol, llegó a París, en donde estuvo algún tiempo con su hija mayor, Jenny. Poco después regresó a Londres y allí se encontró la desgraciada noticia de que precisamente Jenny había muerto de forma totalmente inesperada.

Marx nunca se repuso del golpe de la muerte de su hija. Al año siguiente volvió a caer enfermo, desarrollándosele un absceso en el pulmón, y murió el 14 de marzo de 1883 mientras estaba en su gabinete, sentado en un sillón.

Engels dijo entonces acerca de la muerte de Marx:

> *Posiblemente, la ciencia médica hubiera podido procurar a Karl Marx unos años más de existencia vegetativa, es decir, una vida de hombre completamente desvalido, que se iría apagando lentamente por un triunfo de los médicos. Pero Marx, nuestro querido*

Marx, nunca hubiera podido soportarlo. Vivir con tan-
tos trabajos sin concluir ante su vista, corroído por el
deseo de Tántalo de darles término y viendo la impo-
sibilidad de lograrlo, hubiera resultado para él más
amargo que la muerte que le ha sorprendido con pasos
suaves. La muerte no es una desgracia para quien
muere, sino para quien le sobrevive, decía Epicuro con
buen tino. Pero ver a este hombre genial y poderoso
arruinado por completo, únicamente vegetando para
gloria de la medicina y burla de los filisteos, no y mil
veces no. Mejor que haya sido así.

Karl Marx fue enterrado junto a su mujer en el cementerio de Highgate. Pocas personas asistieron a su entierro. *The*
Times publicó una breve reseña necrológica, aunque, después
de su muerte, la fama de Marx creció constantemente a medida
que los efectos revolucionarios de su enseñanza se hicieron
cada vez más palpables.

Para algunas generaciones de trabajadores, Marx llegó a
simbolizar la esperanza de una vida digna para la Humanidad,
una vida sin miedo y sin pobreza.

Ahora, cabría preguntarnos: ¿sería posible concebir nuestra Historia contemporánea si Karl Marx no hubiera existido?

Prescindiendo del revisionismo posterior (cosa que ha sucedido con todas las doctrinas y todas las creencias), la doctrina marxista se podrá o no admitir, podrá uno manifestarse
partidario de ella o su más acérrimo enemigo, pero lo que no
puede hacerse es prescindir olímpicamente de la figura de
Marx y de lo que ha representado en el mundo contemporáneo que nos ha tocado en suerte vivir, como se intentó hacer
en nuestro país y por muchos años a partir de 1939, prohi-
biendo la publicación de sus obras y suprimiendo su mensaje
de los libros de texto, incluso universitarios. Esas posiciones
maniqueas drásticas sean del lado que sean: «Lo bueno es lo

nuestro, lo malo es lo otro», en nada contribuyen al esclarecimiento de la verdad.

El que esto suscribe, que se confiesa no marxista, ha echado mano de sus postulados del desarrollo histórico cuando lo ha creído necesario para escribir ensayos o para impartir la docencia, porque es la única forma de entender muchas veces las líneas maestras del devenir histórico. Todavía recuerda, en la década de los sesenta, haber publicado un ensayo sobre la figura del pensador de Tréveris y previamente haber tenido que dar toda clase de explicaciones a un número de la Brigada Social (la policía política del régimen franquista) sobre por qué quería publicar aquel ensayo, y acallar sus suspicacias de la siguiente forma. «¿Oiga, por qué quiere escribir usted sobre Marx?», me interrogó el policía. Contestación: «Porque quiero saber algo de él y de su doctrina. Ustedes, que se las dan de "anti", ¿cómo quieren polemizar sobre ella si no la han estudiado?» «Ah, si es para eso, vale», y el policía se despidió satisfecho...

Por eso, no nos ha movido nuestro propósito a adoptar una posición pro, ni anti marxista, sino recalcar: ahí está su biografía y doctrina con todas sus consecuencias. Como dijera Engels al enterrar a su amigo el 15 de marzo de 1883:

> *Marx fue ante todo un revolucionario. Su verdadera vocación era contribuir de un modo u otro al derrocamiento de la sociedad capitalista y de las instituciones estatales creadas por ella, contribuir a la emancipación del proletariado moderno, al que él mismo había sido el primero en dar conciencia de su situación y de sus necesidades* (y a fe que en el siglo XIX las condiciones del proletariado eran terribles), *conciencia de su liberación.*

CAPÍTULO XV

EL MATERIALISMO HISTÓRICO

Karl Marx no editó jamás un texto ni una exposición sintética de lo que conocemos como materialismo histórico. Tal concepto lo inscribió de forma fragmentada en sus primeros escritos, de 1843 a 1848, y lo dio como sabido y entendido en sus obras posteriores.

De sus escritos podemos concluir que no lo consideró un nuevo sistema filosófico, sino como un método práctico de análisis social e histórico y una nueva base para la estrategia política.

La teoría del materialismo dialéctico fue madurando gradualmente en su espíritu. La originalidad de su método estriba precisamente en el paso del plano de la especulación científica sobre la idea de la sociedad al del tratamiento científico de una relación social históricamente determinada. Este paso caracteriza la actitud de Marx no sólo como de carácter materialista sino también como una actitud científica. Es una actitud materialista porque la premisa de la que parte Marx es que, en lugar de reproducir la filosofía especulativa ocultando el material empírico bajo ropajes eternizados y espiritualizados, de lo que se trata es de comenzar a partir de este material empírico para construir abstracciones de conceptos que tengan y se reconozcan una circunscripción histórica determinada. Es decir, Marx no sólo defiende el carácter no ideal, materialista, de la sociedad, sino también la posibilidad de reproducirla intelectualmente como un concepto-función.

Se puede seguir el crecimiento de la teoría de Marx en los ensayos sobre *Contribución a la crítica de la filosofía del derecho de Hegel*, redactada en 1843 y *Sobre la cuestión judía*, también del mismo año. En ellos, el proletariado aparece identificado por primera vez como el agente destinado a modificar la sociedad en la dirección anunciada por la filosofía, la cual, precisamente por ser una filosofía separada de la acción, constituye por sí misma un síntoma y una expresión de impotencia.

Posteriormente, la desarrolla en *La sagrada familia*, escrita en colaboración con Engels, la cual es una amalgama de estallidos polémicos contra los críticos de la crítica, entremezclados con fragmentos sobre filosofía de la historia y crítica social de la literatura. Pero, sobre todo, la expone en un volumen de más de seiscientas páginas que también escribió con Engels entre 1845 y 1846, titulado *La ideología alemana*, aunque no se llegó a publicar hasta 1932. Esta obra contiene en su introducción la exposición más razonada y notable de la teoría marxista. Igual que esta obra, las *Tesis sobre Feuerbach*, del mismo período, y los *Manuscritos económico-filosóficos de 1844*, con su nueva aplicación del concepto hegeliano de la alienación, y la mayor parte de *La ideología alemana*, no se llegaron a publicar hasta la tercera década del siglo XX.

La teoría de Marx, conocida como «marxismo», reconoce que la historia de la Humanidad es un proceso único en el que no se dan repeticiones y que obedece a leyes susceptibles de ser descubiertas. Estas leyes son distintas a las de la física o la química, las cuales son invariables conjunciones y sucesiones de fenómenos relacionados entre sí siempre de igual forma y en idénticas condiciones; son más bien parecidas a las leyes de la geología y la botánica, que encarnan los principios de conformidad con los cuales tiene lugar un proceso de cambio continuo. Cada instante de este proceso es nuevo en el sentido de que posee características nuevas, o se verifican nuevas combinaciones de características ya conocidas; mas a pesar de ser único e irrepetible, se sigue, sin embargo, del estado inmediatamente anterior, obedeciendo las mismas leyes, del mismo modo que este último estado deriva del que le antecede. Pero mientras, según Hegel, la sustancia única es el eterno Espíritu Universal, Marx, de acuerdo con Feuerbach, denuncia esta teoría calificándola de confusa y sobre la que no puede fundarse ningún conocimiento. Pues si el mundo fuera una sustancia metafísica de esta clase, no podría probarse su comportamiento por el único método digno de confianza de que disponemos, es decir, la observación empírica y, por lo tanto, no cabría verificar por los métodos de ninguna ciencia la explicación que de él se pudiera dar.

El hegeliano puede atribuir cuanto desee a la actividad, que no se puede observar, de una sustancia impalpable, de la misma forma que el creyente cristiano lo atribuye a la actividad de Dios, pero sólo al precio de no explicar nada, de declarar que la respuesta es un misterio empíricamente impenetrable. Esta traducción de preguntas comunes a un lenguaje menos inteligible es lo que determina que la oscuridad resultante cobre la apariencia de una verdadera respuesta. Sea cual sea el valor que pueda tener este procedimiento, no debe considerarse como una explicación científica, es decir, de un ordenamiento, por medio de un número relativamente corto de leyes relacionadas entre sí, de la gran variedad de fenómenos distintos y no conectados. Y esto es suficiente para dar cuenta del hegelianismo ortodoxo.

Marx dice que, teniendo en cuenta que los fenómenos que han de explicarse son los de la vida social, esta explicación ha de residir, en cierto modo, en la naturaleza del entorno social en que los hombres viven, en ese entramado de relaciones privadas y públicas cuyos términos están constituidos por los individuos y de la que ellos son, por decirlo de alguna manera, los puntos de atención, los lugares en que se juntan las distintas ramas, la totalidad de las cuales Hegel llamó sociedad civil.

Éste comprendió que su crecimiento no era una progresión suave, con ocasionales retrocesos, como dijeron Saint-Simon y su discípulo Comte, sino el producto de una tensión mantenida entre fuerzas antagónicas que garantizan su incesante movimiento de avance; y que la aparición de una acción y una reacción regulares constituye una ilusión originada por el hecho de que, bien la primera o la segunda de las tendencias en conflicto, se hace sentir con más violencia. En realidad, el progreso no es continuo, pues la tensión, cuando alcanza el punto culminante, desemboca en un cataclismo; por otra parte, el crecimiento en cantidad intensiva se muda en un cambio de cualidades; las fuerzas rivales que se mueven bajo la superficie crecen, se acumulan y estallan como un volcán; el impacto de su choque transforma el medio en el que se produce; como Engels diría más adelante, el hielo se convierte en agua y el agua en vapor, los esclavos se convierten en siervos y los siervos en hombres libres. Cualquier evolución, bien sea en la Naturaleza o en la sociedad, desemboca en una revolución creadora. Y en tanto en la Naturaleza estas fuerzas son físicas, químicas, biológicas, etcétera, en la sociedad son determinadamente económicas y sociales.

Hegel había supuesto que las fuerzas que provocan conflictos sociales en el mundo moderno están inscritas en las naciones que representan el desarrollo de una determinada cultura o la materialización de una idea. Para Marx estas fuerzas eran preferentemente socio-económicas.

El conflicto se da siempre entre clases económicamente determinadas, siendo una clase un grupo de personas dentro de una sociedad, cuyas vidas están caracterizadas por el lugar que ocupan en el proceso de producción, el cual determina a su vez la estructura de dicha sociedad. La condición de un individuo viene señalada por el rol que desempeña en el proceso de producción social, y éste, a su vez, deriva en línea recta del carácter de las fuerzas productivas y de su grado de desarrollo. Los hombres actúan siempre en virtud de las relaciones económicas que mantienen con los demás miembros de su sociedad, sean o no conscientes de ello. La más poderosa de estas relaciones estriba en la propiedad de los medios de subsistencia, ya que la más apremiante es la necesidad de sobrevivir.

La concepción central hegeliana constituye en sí la base del pensamiento de Marx, aunque éste la traspone a términos semiempíricos. La Historia no es la sucesión de los efectos que el medio ambiente o la Naturaleza obran sobre los hombres, sino que su esencia es la lucha de los hombres por desarrollar en toda su plenitud sus potencialidades humanas en un empeño por realizarse plenamente. Los hombres logran subyugar su mundo no a merced de un aumento del conocimiento basado en la contemplación sino gracias a su actividad, a su trabajo y a su forma de pensar. En el curso de su actividad, el trabajo transforma el mundo del hombre, y también a éste. Ciertas necesidades son más básicas que otras: la simple supervivencia se antepone a otras necesidades. Pero el hombre difiere de los animales, con los que comparte las necesidades físicas esenciales, porque está dotado de creatividad, y gracias a ella, sabe alterar su propia naturaleza y las necesidades de ésta, y escapa de los ciclos repetitivos de los animales, que jamás se modifican.

Entre las invenciones del hombre figura la división del trabajo, la que ya surge en las sociedades primitivas, incrementando en gran medida su productividad, creando incluso más riquezas de las necesarias, lo que crea la posibilidad del ocio y, por otro lado, de la cultura; pero asimismo, esta riqueza sobrante se emplea como medio para privar a otros de beneficios y de obligarlos a trabajar para lograr una nueva acumulación de riqueza, lo que conlleva como consecuencia la división de la sociedad en dos clases: los controladores y los controlados.

La Historia es una interacción entre las vidas de los hombres obstinados en una lucha por alcanzar el gobierno de sí mismo, y las consecuencias de sus acciones que pueden ser voluntarias o involuntarias, y sus efectos sobre los hombres pueden o no haber sido previstos; pueden verificarse en un contexto material, en el del pensamiento o en el del sentimiento, o también en niveles inconscientes de la vida humana; pueden afectar sólo a individuos o alcanzar a movimientos o instituciones sociales. Pero lo cierto es que sólo puede comprenderse y controlarse todo este entramado si se percibe cuál es el factor dinámico central que dirige el proceso.

Marx aceptó estas ideas, pero censuró a Hegel y a sus discípulos por haber ofrecido una explicación mítica de las últimas fuerzas operantes, queriendo dar la apariencia de objetos o fuerzas independientes, a lo que sólo son, en realidad, productos del trabajo humano. Identificó el factor principal con los seres humanos que buscan fines humanos comprensibles; no se trata de una simple meta como puede ser el placer, el conocimiento, la seguridad, sino la armoniosa realización de las potencialidades humanas, de conformidad con los principios de la razón. En el transcurso de esta búsqueda, los hombres se transforman a sí mismos, de manera que los valores que determinan y explican la conducta de un grupo, generación o civilización, modifican los predicamentos y valores de sus antecesores. Esta constante renovación, que constituye el eje de todo trabajo y toda creación, vuelve absurda la noción de principios fijos intemporales, de metas universales inalterables y de un eterno predicamento humano. El carácter de la época que Hegel trataba estaba determinado, según Marx, por la lucha de clases; el comportamiento y la visión de las personas y las sociedades estaban determinados por este factor; era la verdad histórica central de una cultura que se basa en la acumulación, así como en las luchas por conseguir el control de esa acumulación, libradas por los que

Marx, Engels y Lenin, la tríada que desarrolló la filosofía del materialismo dialéctico.

se afanan en realizar sus potencialidades, en muchas ocasiones por medios inútiles o autodestructores. Mas, justamente por tratarse de un predicamento histórico, no era eterno. En tiempos remotos las cosas habían ocurrido de forma diferente, y las condiciones actuales no iban a durar tampoco siempre. El único factor permanente en la historia del hombre era el propio hombre, comprensible únicamente en términos de la lucha que él no había elegido, que formaba parte de su esencia, la lucha por dominar la Naturaleza y organizar sus propios poderes productivos en un esquema racional que consistía en la armonía externa e interna. Cuando sobrevenga la acción, el trabajo, en lugar de dividir y esclavizar a los hombres, los unirá y liberará, dando expresión plena a sus capacidades creativas en la única forma en que la naturaleza humana es totalmente libre.

La actitud de Marx frente a este concepto fue curiosamente indefinida. El gran filósofo hablaba en ocasiones del trabajo identificándolo con la creación libre que es la expresión más plena de la naturaleza humana no sujeta a ligazones, la esencia de la felicidad, la emancipación, la armonía racional del hombre consigo mismo y con sus semejantes. Otras veces oponía el trabajo al ocio, prometiendo que con la abolición de la lucha de clases el trabajo se reduciría al mínimo, si bien no quedaría del todo eliminado; no se trataría del trabajo de esclavos explotados, sino de la labor de hombres libres construyendo sus propias vidas socializadas de acuerdo con normas que los mismos hombres se impondrían libremente, si bien continuaría siendo una desagradable necesidad impuesta al hombre por el inexorable hecho de la naturaleza física.

Aunque de forma más bien tosca, Feuerbach expresó claramente el hecho de que los hombres han de comer antes que razonar. La satisfacción de esta necesidad sólo podría ser plenamente garantizada por el control de los medios de producción material, o sea, la energía y destreza humanas, los recursos naturales, la tierra, el agua, las herramientas y las máquinas, y los esclavos. Al principio había una natural escasez de tales medios, y éstos eran por lo tanto objeto de violenta competencia, tanto más que aquellos que los proporcionaban controlaban las vidas y acciones de quienes no los poseían, y esto se mantendría así hasta el momento en que, a su vez, los poseedores perdieran la posesión de tales recursos a expensas de sus súbditos, quienes, al hacerse poderosos y astutos por obra del servicio que habían prestado, los desposeían y esclavizaban, pero sólo para ser a su vez desposeídos y expropiados por otros. Se crearían inmensas instituciones de tipo social, político, cultural, para conservar las posesiones en manos de sus actuales dueños, y no por obra de una política deliberada, sino que surgirían de modo inconsciente de la actitud general frente a la vida adoptada por aquellos que gobiernan una sociedad determinada. Pero allá donde Hegel había declarado que lo que confería su carácter específico a cualquier sociedad era su nacionalidad, y la nación era para él encarnación de un determinado campo en el desarrollo del Espíritu del Mundo, para Marx se trataba del sistema de relaciones económicas que gobernaba a la sociedad en cuestión.

La única causa por la que un pueblo es distinto de otro, unas instituciones y credos opuestos a otros es, en opinión de Marx, el entorno económico en que se mueven, la relación de esta clase gobernante de poseedores con quienes explota, que sale de la específica calidad de la tensión que entre ellos persiste. El esencial resorte de acción en la vida de un hombre, conociendo la posición social del individuo permite determinar la línea básica de su comportamiento: si pertenece o no a la clase en el poder, si depende su bienestar del éxito o fracaso de su modo de gobernar, si ocupa una posición que debe mantener, sea o no necesaria la conservación de un orden existente.

Las circunstancias que lo rodean flexibilizarán sus cualidades naturales de tal modo que actuará de forma parecida a sus semejantes, cualquiera que sea su tendencia natural. En realidad, resulta equívoco hablar de una tendencia natural o humana inalterable. Hay que clasificar las tendencias de acuerdo con el sentimiento subjetivo que engendran, o de conformidad con sus metas reales, las cuales están condicionadas en lo social. El hombre actúa antes de ponerse a reflexionar en las razones de su conducta o de las que la justifican, y la mayoría de los miembros de una sociedad actuará de forma semejante, cualesquiera que sean los motivos subjetivos en cuya virtud aparecerán ante sí mismos actuando tal como lo hacen.

Lo anterior queda en cierta forma diluido por el hecho de que, intentando convencerse a sí mismos de que sus actos están determinados por la razón o por creencias morales o religiosas, los hombres tienden a construir complicadas explicaciones de su conducta. Semejantes explicaciones no son del todo ineficaces para influir en la acción, pues al convertirse en grandes instituciones, como los códigos morales y las organizaciones religiosas, a menudo sobreviven a las mismas presiones sociales que ellas mismas motivaron.

Al igual que Hegel, Marx trata la Historia como una fenomenología. Para Hegel, la Fenomenología del Espíritu constituye un intento de mostrar un orden objetivo en el desenvolvimiento de la conciencia humana y en la continuidad de civilizaciones que son su encarnación concreta.

Hegel consideraba el desarrollo de la Humanidad de forma semejante al de un ser humano individual. Y de la misma manera que en un hombre una capacidad particular no puede desarrollarse hasta que otras capacidades suyas se hayan desarrollado previamente, las sociedades, las culturas, se suceden unas a otras en un orden fijo, establecido por el crecimiento de las facultades colectivas de la Humanidad expresadas en las artes, las ciencias, la civilización, como una globalidad.

Es decir, cualquier cambio se debe al movimiento de la dialéctica, que obra mediante una constante crítica lógica, es decir, a una lucha contra los modos de pensar y las construcciones de la razón y el sentimiento que concluye con la autodestrucción final de éstos, los cuales inscribieron en su momento la cota más alta alcanzada por el constante crecimiento del espíritu humano; pero que inscritos en reglas o instituciones y equivocadamente considerados como absolutos por una sociedad determinada o por una especial visión de la vida, vienen a convertirse en obstáculos al progreso que engendran contradicciones lógicas mediante las cuales se revelan y se destruyen.

Marx aceptaba esta visión de la Historia como campo de batalla de ideas inscritas, pero lo traspasaba a términos sociales, a la lucha de clases. Para Marx, la alienación se realiza cuando el resultado de las acciones de los hombres contradice sus verdaderos propósitos, cuando sus valores oficiales o los roles que desempeñan no representan ciertamente sus verdaderos motivos, necesidades y finalidades.

El sistema capitalista es, así, un gran instrumento engendrado por exigencias materiales comprensibles, por una progresiva mejora de la vida, lo cual trae consigo sus propias creencias religiosas, morales, intelectuales, sus propios valores y formas de vida. Esos valores son únicamente soportes del poder de la clase cuyos intereses encarna el sistema capitalista, pero ocurre que todos los sectores de la sociedad acaban por considerarlos válidos para toda la Humanidad. Así, la industria y el estilo capitalista de intercambios no son instituciones válidas para todas las épocas, sino que surgieron por la creciente resistencia de los campesinos y artesanos a depender de las fuerzas naturales.

La producción es una actividad social. Cualquier forma de división del trabajo, sea cual sea su causa, crea propósitos comunes e intereses comunes, los cuales pueden ser analizados como una simple suma de los intereses o aspiraciones individuales de los seres humanos a quienes competen. Si, como ocurre en la sociedad capitalista, una parte de la sociedad se apropia el producto del trabajo para su exclusivo lucro, va en contra de lo que los hombres necesitan para desarrollarse libremente. Los intereses, por lo tanto, de los explotadores y de los explotados son opuestos, y la supervivencia de cada clase depende de su posibilidad de derrotar al contrario en una lucha que determina las instituciones de esa sociedad. El monopolio de los medios de producción por parte de un grupo particular de hombres, permite a este grupo imponer su voluntad y obliga a otros grupos a realizar tareas que no tienen nada que ver con sus propias necesidades.

Por tanto, la unidad social se destruye y las vidas de ambas clases se distorsionan, lo que desemboca en que la vida de la mayoría de los hombres se base en una mentira.

Y por su parte, los que ostentan el poder, construyen ideologías que no son más que una forma de autoengaño colectivo. Las víctimas de la clase dirigente las asimilan como parte de su educación normal con lo que llegan a aceptarlas como elementos objetivos y justos. Ejemplo de ello es el dinero, que progresivamente ha adquirido una importancia a partir del fin del trueque, convirtiéndose en un objeto perseguido y reverenciado, y que al mismo tiempo embrutece y destruye a quien lo creó, el hombre.

El punto de vista de Marx para solucionar este estado de cosas, pasa porque los hombres han de preguntarse, en primer lugar, cuál es la cota que ha alcanzado la lucha de clases para actuar después de forma acorde. La alienación finalizará cuando la clase ínfima, es decir, el proletariado, derrote a la burguesía. A partir de este momento, las ideas que engendrará esta victoria serán las que expresen y beneficien a una sociedad no clasista. No sobrevivirá ninguna institución ni idea que radique en la falsificación del carácter de cualquier sector de la raza humana, y que por ello lleve a su opresión. El capitalismo, al socaire del cual el trabajo de los seres humanos se vende y se compra y los trabajadores son tratados como fuente de trabajo, es claramente un sistema que falsea la verdad acerca de lo que los hombres son y pueden ser, y que procura subordinar la Historia a un interés de clase y, por lo tanto, ha de ser sustituido por el poder de sus víctimas.

Para Marx, la frustración es producto de la alienación y constituye cada una de las barreras y distorsiones creadas por la inevitable lucha de clases, lo que impide llevar a cabo un trabajo de cooperación social.

Hasta el presente, la liberación gradual de la Humanidad ha seguido una dirección definida e irreversible: toda nueva época empieza con la liberación de una clase hasta aquel momento oprimida, y ninguna clase, una vez destruida, puede retornar. La Historia no puede revertirse ni aun en movimientos cíclicos, sino que todas las conquistas son irreversibles. La Antigüedad dejó paso al feudalismo, y éste a la burguesía industrial. Estas transiciones no fueron pacíficas, sino que surgieron de guerras y revoluciones, ya que ningún orden establecido cede su lugar sin oponerse antes a su inevitable sucesor.

Al presente sólo queda un estrato sumergido bajo el nivel del resto, esclavizado: el proletariado sin tierras y sin bienes creado por el avance de la industria, que ahora ayuda a las clases que están por encima pero que está condenado a ser oprimido por estas clases. El proletariado se halla en el estrato más bajo de la escala social. Y a lo que el proletariado tiene derecho es a lo mismo que cualquier clase social tiene derecho, y luchar es la condición de su supervivencia; el futuro le pertenece y, al luchar por él, lucha contra un enemigo destinado a desaparecer y, por tanto, lucha por toda la Humanidad. Pero si bien todas las otras victorias llevaban al poder a una clase que también va a desaparecer, a esta lucha no le sucederá ninguna otra, porque ella está destinada a finalizar con la condición de todas esas luchas al abolir las clases como tales, al disolver el mismo Estado, hasta este momento instrumento de una clase única, en una sociedad libre porque ya no habrá clases. El proletariado debe comprender que no es posible ningún pacto con el enemigo aunque, si bien puede concertar alianzas temporales para derrotarle, en última instancia ha de volverse contra él.

Educar a las masas para el cumplimiento de su destino es, opina Marx, el deber forzoso de cualquier filósofo contemporáneo. El materialismo histórico puede explicar lo que de cierto ocurre, pero no puede dar respuesta a problemas morales.

En resumen, la teoría de Marx, base del comunismo, es una doctrina derivada de Hegel y de otros filósofos a los cuales Marx se dedicó a estudiar e incluso a criticar. Y, sin embargo, la teoría marxista es más original, forma un sistema coherente e intenta seguir la dirección indicada por las ciencias empíricas e incorporar al sistema sus resultados globales.

CAPÍTULO XVI

EL *MANIFIESTO COMUNISTA* (extracto)

El *Manifiesto Comunista* es un documento pragmático que fue redactado por Karl Marx en colaboración con Engels para la Liga de los Comunistas, con motivo de un congreso celebrado en Londres en 1848.

El *Manifiesto* inspiró el programa de la Primera Internacional y proporcionó al proletariado los instrumentos de lucha contra la burguesía. En síntesis, contiene los aspectos básicos de la doctrina marxista y del materialismo histórico. A continuación se reproducen algunos fragmentos.

* * *

Burgueses y proletarios

Toda la historia de la Humanidad, hasta la fecha, es una historia de lucha de clases.

Libres y esclavos, patricios y plebeyos, barones y siervos de la gleba, maestros y oficiales; resumiendo: opresores y oprimidos, enfrentados siempre, empeñados en una lucha ininterrumpida, velada algunas veces, y otras franca y abierta, en una lucha que conduce en cada etapa a la transformación revolucionaria de todo el régimen social o al exterminio de ambas clases beligerantes.

En los tiempos históricos, encontramos a la sociedad dividida casi por todas partes en una serie de estamentos, dentro de cada uno de los cuales reina, a su vez, una nueva jerarquía social de grados y posiciones.

En la Roma antigua, por ejemplo, son los patricios, los équites, los plebeyos y los esclavos; en la Edad Media, los señores feudales, los vasallos, los maestros y los oficiales de los gremios, los siervos de la gleba, y dentro de cada una de estas clases aún encontramos nuevos matices y distintas gradaciones.

La moderna sociedad burguesa que se levanta sobre las ruinas de la sociedad feudal, no ha abolido los antagonismos de clase. Pero, además, ha creado nuevas clases, nuevas condiciones opresoras, nuevas formas de lucha, que han venido a sustituir a las antiguas.

No obstante, nuestra época, la época de la burguesía, se caracteriza por haber simplificado estos antagonismos de clase. Hoy en día, toda la sociedad tiende a separarse, cada vez de forma más abierta, en dos campos enemigos, en dos grandes clases antagónicas: burguesía y proletariado.

De los siervos de la gleba de la Edad Media surgieron los «villanos» de las primeras ciudades. Y estos villanos fueron el germen de donde brotaron los primeros elementos de la burguesía.

El descubrimiento del continente americano, la circunnavegación de África, abrieron nuevos horizontes e imprimieron un nuevo impulso a la burguesía. El mercado de Asia, la colonización de América, el intercambio con las colonias, el incremento de los medios de cambio y de las mercancías en general, dieron al comercio, a la navegación, a la industria, un empuje nunca conocido, azuzando con ello el elemento revolucionario que se escondía en el seno de la sociedad feudal en descomposición.

El régimen feudal o gremial de producción que seguía vigente, no bastó ya para cubrir las necesidades que abrían

Cartel soviético donde se alentaba la idea marxista de la lucha contra el capitalismo.

los nuevos mercados. Así, vino a ocupar su puesto la manufactura. Los maestros de los gremios se vieron desplazados por la clase media industrial, y la división del trabajo entre las distintas corporaciones fue sustituida por la división del trabajo dentro de cada taller.

Pero los mercados seguían ampliándose, las necesidades seguían aumentando. Ya no bastaba tampoco la manufactura. El invento de la máquina de vapor revolucionó el régimen industrial de producción. La manufactura cedió el puesto a la gran industria moderna, y así la clase media industrial tuvo que ceder su sitio a los grandes magnates de la industria, jefes de grandes ejércitos industriales, a los burgueses modernos.

La gran industria creó el mercado mundial, ya preparado por el descubrimiento de América. El mercado mundial imprimió un gigantesco impulso al comercio, a la navegación y a las comunicaciones por tierra. A la vez, estos progresos tuvieron gran repercusión en la industria, y en la misma proporción en que se dilataban la industria, el comercio, etcétera, se desarrollaba la burguesía, creciendo sus capitales, e iban desplanzando a todas las clases heredadas de la Edad Media.

Así, podemos ver que la moderna burguesía es, como lo fueron en su tiempo las otras clases, producto de un largo proceso histórico, y fruto de una serie de transformaciones radicales operadas en el régimen de cambio y de producción.

A cada etapa de avance recorrida por la burguesía corresponde una nueva etapa de progreso político. Clase oprimida bajo el mando de los señores feudales, la burguesía forma en la comunidad una asociación autónoma y armada para la defensa de sus intereses; en unos sitios se organiza en repúblicas municipales independientes; en otros, forma el tercer estado tributario de las monarquías; en la época de la manufactura es el contrapeso de la nobleza dentro de la monarquía feudal o absoluta y el fundamento de las grandes monarquías en general; hasta que, por fin, implantada la gran industria y abiertos los mercados mundiales, se conquista la hegemonía moderna y se crea el moderno Estado representativo. Hoy, el poder público viene a ser, simplemente, el consejo de administración que rige los intereses colectivos de la clase burguesa.

La burguesía ha desempeñado, en el transcurso de la historia, un papel ciertamente revolucionario.

Donde quiera que se instauró echó por tierra todas las instituciones antiguas. Desgarró de forma implacable los abigarrados lazos feudales que unían al hombre con sus superiores naturales, y no dejó más vínculo que el del simple interés, el del dinero contante y sonante, que no tiene entrañas. Sustituyó, por decirlo así, un régimen de explotación, velado por los cendales de las ilusiones políticas y religiosas, por un régimen franco, directo, descarado, escueto, de explotación. De esta forma, convirtió en asalariados suyos al médico, al jurista, al poeta, al sacerdote e incluso al hombre de ciencia.

La burguesía desgarró los velos emotivos y sentimentales que envolvían la familia y puso al desnudo la realidad económica de las relaciones familiares.

Vino a demostrar la burguesía que aquellos alardes de fuerza bruta que la reacción tanto admira en la Edad Media, tenían su complemento cumplido en la haraganería más indolente. Hasta que la burguesía no lo reveló no pudimos saber cuánto podía dar de sí el trabajo humano. La burguesía ha producido maravillas mucho más grandes que las pirámides de Egipto, los acueductos romanos y la catedrales góticas...

La burguesía no puede existir si no es revolucionando de forma incesante los instrumentos de la producción, que tanto vale decir el sistema todo de la producción, y con él todo el régimen social. Lo contrario de cuantas clases sociales la precedieron, que tenían todas por condición primaria de vida la intangibilidad del régimen de producción vigente. La época de la burguesía se caracteriza y distingue de todas las demás por el constante desplazamiento de la producción. Las relaciones

117

inconmovibles del pasado se derrumban, y las nuevas envejecen antes de poder echar raíces. Todo lo que se creía inmutable se esfuma y, al fin, el hombre se ve constreñido, por la fuerza de las cosas, a contemplar con fría mirada su vida y sus relaciones con los demás.

La necesidad de encontrar mercados espolea a la toda la burguesía. Por todas partes anida, en todas partes construye y por todas partes establece relaciones.

La burguesía, al explotar el mercado mundial, da a la producción y al consumo de todos los países un sello cosmopolita. Entre los lamentos de los reaccionarios destruye los cimientos nacionales de la industria.

Las viejas industrias nacionales se caen, arrolladas por otras nuevas: por industrias que ya no transforman como antaño las materias primas del país, sino las traídas de los climas más lejanos y cuyos productos encuentran salida en todas partes del mundo, allende las fronteras. Brotan nuevas necesidades que ya no bastan para satisfacer, como en otros tiempos, los frutos del país, sino que reclaman para su satisfacción los productos de tierras remotas. Ya no reina aquel mercado local y nacional que se bastaba a sí mismo y donde no entraba nada de fuera; ahora, la red comercial es internacional.

Y lo que acontece con la producción material, acontece también con la del espíritu.

La burguesía, con el rápido perfeccionamiento de los medios de producción, con las facilidades increíbles de su red de comunicaciones, lleva la civilización hasta los países más salvajes. Y obliga a todas las naciones a abrazar su régimen de producción o a perecer; las obliga a implantar en su seno la llamada civilización, es decir, a convertirse en burguesas. Crea un mundo hecho por completo a su imagen y semejanza.

La burguesía somete el campo al imperio de la ciudad. Crea enormes ciudades, intensifica la población urbana en una fuerte proporción respecto a la campesina y arranca a una buena parte de la población rural de sus tierras natales. Y de la misma manera que somete el campo a la ciudad, somete los pueblos bárbaros a las naciones civilizadas, los pueblos campesinos a los pueblos burgueses y el Oriente al Occidente.

La burguesía aglutina cada vez más los medios de producción, la propiedad y los habitantes del país. Aglomera la población, centraliza los medios de producción y concentra en manos de unos pocos la propiedad.

Este proceso había de conducir, a la fuerza, a un régimen de centralización política. Territorios antes independientes, apenas aliados, con intereses distintos, diferentes leyes, gobiernos autónomos y líneas aduaneras propias, se asocian y se refunden en una única nación, bajo un único Gobierno y unas mismas leyes, un interés nacional de clase y una sola línea aduanera.

La burguesía ha creado energías productivas mucho más grandiosas y colosales que todas las pasadas generaciones juntas. Basta pensar en el sojuzgamiento de las fuerzas naturales por la mano del hombre, en la maquinaria, en la aplicación de la química a la industria, y la agricultura, en la navegación de vapor, en los ferrocarriles, etcétera. ¿Quién, en los siglos pasados, pudo sospechar que en el regazo de la sociedad fecundada por el trabajo del hombre yaciesen soterradas tantas y tales energías y elementos de producción?

Ya hemos dicho que los medios de producción y de comunicación sobre los cuales se desarrolló la burguesía brotaron en el seno de la sociedad feudal. Cuando estos medios de comunicación y producción alcanzaron una determinada fase en su desarrollo, resultó que las condiciones en que la sociedad feudal producía y comerciaba, la organización feudal de la agricultura y la manufactura, es decir, la sociedad feudal de la propiedad, no correspondían ya al estado progresivo de las fuerzas productivas. Obstruían la producción en vez de fomentarla. Por lo tanto, era preciso hacerlas sucumbir, y sucumbieron.

Vino a ocupar su puesto la libre concurrencia, con la constitución política y social a ella adecuada, en la que se revelaba ya la hegemonía económica y política de la clase burguesa.

Hoy día se desarrolla un espectáculo parecido: las condiciones de producción y de cambio de la burguesía, el régimen burgués de la propiedad, la moderna sociedad burguesa, que ha sabido hacer brotar tan fabulosos medios de producción y de transporte, recuerda al brujo impotente para dominar los espíritus subterráneos que conjuró. Desde hace ya varias décadas, la historia de la industria y del comercio no es más que la historia de las modernas fuerzas productivas que se rebelan contra el régimen vigente de producción, contra el régimen de la propiedad, donde residen las condiciones de vida y de predominio político de la burguesía. Mencionemos sólo las crisis comerciales, cuya periódica reiteración supone un peligro cada vez más grande para la existencia de toda la sociedad burguesa. Las crisis del comercio, además de destruir una gran parte de los productos elaborados, aniquilan una parte considerable de las fuerzas productivas existentes. En esas crisis se desata una epidemia social: la epidemia de la superproducción. Repentinamente, entonces, la sociedad se ve retrotraída a un estado de barbarie momentánea. La industria y el comercio están a punto de sucumbir. Y todo, ¿por qué? Porque la sociedad posee demasiada civilización, demasiados recursos, demasiada industria, demasiado comercio. Las fuerzas de producción de que dispone ya no sirven para fomentar el régimen burgués de la propiedad; son ya demasiado poderosas para servir a este régimen, que embaraza su desarrollo. Las condiciones sociales burguesas, entonces, resultan ya demasiado estrechas para abarcar la riqueza por ellas engendrada. ¿Cómo supera las crisis la burguesía? De dos formas distintas: una, destruyendo violentamente una gran masa de fuerzas productivas; otra, conquistando nuevos mercados, a la vez que procurando explotar más concienzudamente los mercados antiguos. Es decir, remedia una crisis preparando otras más extensas e imponentes y mutilando los medios de que dispone para precaverlas.

Las armas con que la burguesía destruyó al feudalismo, se vuelven ahora contra ella.

Y la burguesía no sólo forja armas que han de darle la muerte, sino que, además, pone en pie a los hombres llamados a manejarlas. Estos hombres son los obreros, los proletarios.

En la misma proporción en que se desarrolla la burguesía, es decir, el capital, se desarrolla también el proletariado, la clase obrera moderna que sólo puede vivir si encuentra trabajo, y que sólo encuentra trabajo en la medida en que éste alimenta e incrementa el capital.

El obrero, obligado a venderse a trozos, es una mercancía como otra cualquiera, sujeta, por tanto, a todos los cambios y modalidades de la concurrencia, a todas las fluctuaciones del mercado.

La extensión de la maquinaria y la división del trabajo quitan a éste, en el régimen proletario actual, cualquier carácter autónomo, cualquier iniciativa y cualquier encanto para el obrero.

El trabajador se convierte en un simple resorte de la máquina, del cual sólo se exige una operación mecánica, de fácil aprendizaje y completamente monótona. Por eso, los gastos que supone un obrero se reducen, poco más o menos, al mínimo de lo que precisa para vivir y para perpetuar la especie. Y ya se sabe que el precio de una mercancía, y como una de tantas el trabajo, equivale a su coste de producción. Cuanto más repelente es el trabajo, tanto más disminuye el salario pagado al obrero. Incluso más: cuanto más aumenta la maquinaria y la división del trabajo, también aumenta más éste, bien porque se alargue la jornada, bien porque se intensifique el rendimiento exigido, se acelere la marcha de las máquinas, etcétera.

La industria moderna ha convertido el pequeño taller del maestro patriarcal en la gran fábrica del magnate capitalista. Las masas obreras concentradas en la fábrica son sometidas a una organización y disciplina militares. Los obreros, soldados rasos de la industria, trabajan bajo el mando de toda una jerarquía de sargentos, oficiales y jefes. No son sólo siervos de la burguesía y del Estado burgués, sino que están todos los días y a todas horas esclavizados bajo el yugo de la máquina, y sobre todo del industrial burgués dueño de la fábrica. Y este despotismo es tanto más mezquino, más indignante, cuanta mayor es la franqueza con que proclama que no tiene otro fin que el lucro.

Y aún hay más: cuando ya la explotación del obrero por el fabricante ha dado su fruto y aquél recibe su salario, se desploman sobre él los demás representantes de la burguesía: el casero, el tendero, el prestamista, etcétera.

El proletariado recorre diversas etapas antes de fortificarse y consolidarse. Pero su lucha contra la burguesía data del instante preciso de su existencia.

En un principio son obreros aislados; después, los de una fábrica; luego, los de toda una rama de trabajo, los que se enfrentan, en una localidad, con el burgués que los explota. Sus ataques no van sólo contra el régimen burgués de producción, sino que van también contra los propios instrumentos de la producción; los obreros, sublevados, destruyen las mercancías ajenas que les hacen la competencia, destrozan las máquinas, pegan fuego a las fábricas y, en resumen, pugnan por volver a la situación, ya enterrada, del obrero medieval.

En esta primera etapa, los obreros forman una masa diseminada por todo el país y desunida por la concurrencia. Las concentraciones de masas de obreros no son todavía fruto de su propia unión, sino el fruto de la unión de la burguesía, que para alcanzar sus fines políticos tiene que poner en movimiento a todo el proletariado, cosa que todavía consigue. En esta etapa, los proletarios no combaten contra sus enemigos,

122

sino contra los enemigos de sus enemigos. La marcha de la historia está toda concentrada en manos de la burguesía, y cada triunfo así alcanzado es un triunfo de la clase burguesa.

No obstante, el desarrollo de la industria no sólo nutre las filas del proletariado, sino que las aprieta y concentra; sus fuerzas crecen, y crece también su conciencia. Y al paso que la maquinaria va borrando las diferencias y categorías en el trabajo y reduciendo los salarios casi en todas partes a un nivel bajísimo y uniforme, van nivelándose también los intereses y las condiciones de vida dentro del proletariado.

La competencia, cada vez más aguda, desatada entre la burguesía, y las crisis comerciales que desencadena, hacen cada vez más inseguro el salario del obrero; los incesantes y veloces progresos del maquinismo aumentan gradualmente la inseguridad de su existencia; las colisiones entre obreros y burgueses aislados van tomando el carácter, cada vez más señalado, de colisiones entre dos clases. Los obreros empiezan a unirse contra los burgueses, se asocian y unen para la defensa de sus salarios. Crean organizaciones permanentes para resguardarse de posibles batallas. De cuándo en cuando, estallan sublevaciones y revueltas.

Hasta el momento, los obreros arrancan algún triunfo que otro, pero siempre es transitorio. El verdadero objetivo de estas luchas no es conseguir un resultado inmediato, sino ir extendiendo y consolidando la unión obrera. Ayudan a ello los medios cada vez más fáciles de comunicación, creados por la gran industria y que sirven para poner en contacto a los obreros de las diversas regiones y localidades. Gracias a esta toma de contacto, las múltiples acciones locales se convierten en un movimiento nacional, en una lucha de clases. Y toda lucha de clases es una acción política.

Esta organización de los proletarios como clase, que tanto vale decir como partido político, se ve minada a cada momento por la concurrencia desatada entre los propios obreros. Pero avanza y triunfa siempre, a pesar de todo, cada vez más fuerte, más firme, más pujante. Y aprovechándose de las discordias que surgen en el seno de la burguesía, impone la sanción legal de sus intereses propios. Así nace en Inglaterra la ley de la jornada de diez horas.

Las colisiones producidas entre las fuerzas de la antigua sociedad imprimen nuevos impulsos al proletariado. La burguesía lucha incesantemente: primero, contra la aristocracia; después, contra aquellos sectores de la propia burguesía cuyos intereses se contraponen con los progresos de la industria, y siempre contra la burguesía de los demás países. Para librar estos combates no tiene más remedio que apelar al proletariado, arrastrándolo de esta forma a la palestra política. Y de esta forma le suministra elementos de fuerza, es decir, armas contra sí misma.

Finalmente, en aquellos períodos en que la lucha de clases está a punto de decidirse, es tan violento y tan claro el proceso de desintegración de la clase gobernante latente en el seno de la sociedad antigua, que una pequeña parte de esa clase se desprende de ella y abraza la causa revolucionaria, pasándose a la clase que tiene en sus manos el porvenir. Y así como antes una parte de la nobleza se pasaba a la burguesía, ahora una parte de la burguesía se pasa al proletariado.

De todas las clases que hoy se enfrentan a la burguesía, no hay más que una verdaderamente revolucionaria: el proletariado. Las demás perecen y desaparecen con la gran industria; el proletariado, en cambio, es su producto genuino y peculiar.

Los elementos de las clases medias, el pequeño industrial, el pequeño comerciante, el artesano, el labriego, todos luchan contra la burguesía para salvar de la ruina su existencia como tales clases. No son, pues, revolucionarios, sino conservadores. Más aún, reaccionarios, ya que pretenden volver atrás la rueda de la historia. Todo lo que tienen de revolucionario es lo que mira a su tránsito inminente al proletariado; con esta actitud no defienden sus intereses actuales, sino los futuros; se despojan de su posición propia para abrazar la del proletariado.

El proletariado andrajoso, esa putrefacción pasiva de las capas más bajas de la sociedad, se verá arrastrado en parte al movimiento por una revolución proletaria, si bien las condiciones todas de su vida lo hacen más propicio a dejarse comprar como instrumento de manejos reaccionarios.

Las condiciones de vida de la vieja sociedad ya aparecen destruidas en las condiciones de vida del proletariado. Éste carece de bienes. Sus relaciones con la mujer y con los hijos no tienen ya nada en común con las relaciones familiares burguesas; la producción industrial moderna, el moderno yugo del capital, que es el mismo en Francia que en Inglaterra, en Norteamérica que en Alemania, borra en él todo carácter nacional. Las leyes, la moral, la religión, son para él otros tantos perjuicios burgueses tras los que anidan otros tantos intereses de la burguesía. Todas las clases que le precedieron y conquistaron el Poder procuraron consolidar las posiciones adquiridas sometiendo a la sociedad entera a su régimen de adquisición. Los proletarios solamente pueden conquistar para sí las fuerzas sociales de la producción aboliendo el régimen adquisitivo a que se hallan sujetos, y con él todo el régimen de apropiación de la sociedad. Los proletarios no tienen nada propio que asegurar, sino destruir todos los aseguramientos y seguridades privadas de los demás.

Hasta el momento, todos los movimientos sociales habían sido movimientos desatados por una minoría o en interés de una minoría. El movimiento proletario es el movimiento autónomo de una inmensa mayoría en interés de una mayoría inmensa. El proletariado, la capa más baja y oprimida de la sociedad actual, no puede levantarse, incorporarse, sin hacer saltar, hecho pedazos, desde los cimientos hasta el remate, todo ese edificio que forma la sociedad oficial.

Por su forma, si bien no por su contenido, la campaña del proletariado contra la burguesía empieza siendo nacional. Es lógico que el proletariado de cada país ajuste ante todo las cuentas con su propia burguesía.

Al esbozar, en líneas generales, las distintas fases de desarrollo del proletariado, hemos seguido las incidencias de la guerra civil más o menos embozada que se plantea en el seno de la sociedad vigente hasta el momento en que esta guerra civil desencadena una revolución abierta y franca, y el proletariado, derrocando a la burguesía por la violencia, echa las bases de su poder.

Hasta el momento, toda sociedad ha descansado, como hemos visto, en el antagonismo entre las clases oprimidas y las opresoras. Sin embargo, para poder oprimir a una clase es menester asegurarle, por lo menos, las condiciones indispensables de vida, pues de otro modo se extinguiría, y con ella su esclavizamiento. El siervo de la gleba se vio exaltado a miembro del municipio sin salir de la servidumbre, como el villano convertido en burgués bajo el yugo de la sociedad feudal. La situación del obrero actual es muy distinta, pues lejos de mejorar conforme progresa la industria, empeora por debajo del nivel de su propia clase. El obrero se deteriora, y el pauperismo se desarrolla en proporciones mucho mayores que la población y la riqueza. He aquí una prueba de la incapacidad de la burguesía para seguir gobernando la sociedad e imponiendo a ésta las condiciones de su vida como clase. Es incapaz de gobernar, porque es incapaz de garantizar a sus esclavos la existencia ni incluso dentro de su esclavitud, porque se ve forzada a dejarlos llegar hasta una situación de desamparo en la que no tiene más remedio que mantenerles, cuando son ellos mismos quienes debieran mantenerla a ella. La sociedad no puede seguir viviendo bajo el imperio de esa clase; la vida de la burguesía se ha hecho incompatible con la sociedad.

Marx no se contentaba con puras teorías; quería que su revolución se llevara a los hechos.

La existencia y el predominio de la clase burguesa tienen por condición básica la concentración de la riqueza en manos de unos pocos individuos, la formación e incrementación constante del capital; y éste, a su vez, no puede existir sin el trabajo asalariado. El trabajo asalariado presupone, de forma inevitable, la concurrencia de los obreros entre sí. Los progresos de la industria, que tienen por cauce espontáneo la burguesía, imponen, en vez del aislamiento de los obreros por la concurrencia, su unión revolucionaria por la organización. Y de esta forma, al desarrollarse la gran industria, la burguesía ve tambalearse bajo sus pies las bases sobre las que produce y se apropia lo producido. Y a la vez que avanza, cava su fosa y cría a sus propios enterradores. Su muerte y el triunfo del proletariado, son igualmente inevitables.

* * *

Hacia 1890 estalló en el seno del socialismo una gran polémica en torno del carácter revolucionario o reformista de los partidos socialistas. El centro del debate fue el Partido Socialdemócrata alemán, en el que una fracción importante, después de hacer una crítica de las doctrinas de Marx, renegó de su carácter revolucionario defendiendo un programa de carácter netamente reformista.

De un lado, la misma composición interna del partido que crecía no sólo entre los obreros, sino también entre las clases medias, mientras iba perdiendo una buena parte del obrerismo inicial. Los dirigentes del partido se orientaban más por la consolidación y fortalecimiento de éste que no por una acción revolucionaria que pudiera atemorizar a un sector de sus militantes y electores. Por otra parte, la práctica parlamentaria los había conducido a un acercamiento a los partidos burgueses, con los cuales se habían firmado acuerdos y coaliciones integrándose cada vez más en el sistema liberal-parlamentario. El control por parte de los socialistas de un sector importante de la administración municipal y local les condujo a una experiencia de gestión pública directa que contribuyó indudablemente a acentuar el pragmatismo político y la burocratización.

Fue el alemán Bernstein el que en 1899 en su libro *Las premisas del socialismo* estableció las bases de la posición «revisionista». Fue tras la muerte de Engels en 1896 cuando este autor se decidió a revisar el marxismo clásico.

Fundamentaba sus críticas en el desarrollo sin precedentes que el capitalismo había experimentado a partir de 1895, hecho que desmentía algunas de las tesis de Marx sobre el agravamiento de las crisis capitalistas y en la constatación, al menos entre los obreros especializados, de la mejora del nivel de vida. Bernstein afirmaba que a cada crisis cíclica (periódica) del capitalismo, éste «aprendía la lección» y en lugar de preparar, como decía Marx, su hundimiento final, salía más fortalecido.

Las teorías de Bernstein no fueron bien recibidas dentro del partido socialista y el «revisionismo» fue públicamente condenado en el Congreso de Hannover (1899) y Lübeck (1901). Pero a pesar de que ideológicamente el socialismo se mantuviera fiel a la ortodoxia revolucionaria marxista, en la práctica fue adquiriendo un carácter cada vez más pragmático y reformista y, sin embargo, el viraje hacia la auténtica izquierda y la radicalización de sus postulados la daría Vladimir Ilich Ulianov, más conocido como Lenin.

CAPÍTULO XVII

EL CAPITAL

La obra cumbre de Marx se publicó en tres volúmenes, el primero de los cuales vio la luz en 1867 y los dos restantes se editaron, gracias a que Engels recopiló los manuscritos de Marx, una vez muerto éste, en 1887 y 1894.

El Capital estaba concebido como un tratado comprensivo sobre las leyes y morfología de la organización económica de la sociedad moderna, a la vez que intentaba describir los procesos de producción, intercambio y distribución tal como se verifican, para explicar su condición actual como un estadio particular del desarrollo encarnado por el movimiento de la lucha de clases.

El resultado fue un conjunto original de teoría económica, historia, sociología y propaganda que no encaja en ninguna de las categorías aceptadas.

Pero dejemos que sea el propio Marx quien nos explique el método adoptado en la realización de esta obra, según un texto fechado en Londres el 24 de enero de 1873, extraído del epílogo a la segunda edición de *El Capital*.

Se ha entendido poco el método aplicado en El Capital, *como lo demuestran ya las concepciones recíprocamente contradictorias del mismo.*

Así, la Revue Positiviste de París *me ha reprochado, por un lado, que trato la economía metafísicamente, y, por otro, que me limito a una simple descomposición crítica de lo dado, en vez de prescribir recetas (¿comtistas?) para el figón del futuro. Precisamente, el profesor Sieber observa contra el reproche de metafísica: «En la medida en que se trata de teoría propiamente dicha, el método de Marx es el método deductivo de toda la escuela inglesa, cuyos defectos y ventajas son comunes a los mejores economistas teóricos.»*

Por su parte, el señor M. Block, descubre que mi método es analítico, y dice entre otras cosas: «Con esta obra, el señor Marx se coloca entre las mentes analíticas más eminentes.»

Los autores de las reseñas alemanas ponen el grito en el cielo, obviamente, condenando la sofística hegeliana. El Mensajero Europeo de San Petersburgo, *en un artículo que trata en exclusiva del método de* El Capital, *encuentra mi método de investigación rigurosamente realista, pero el método de exposición desgraciadamente germano-dialéctico. Y lo expresa así: «A primera vista, a juzgar por la forma externa de la exposición, Karl Marx es el mayor filósofo idealista, y precisamente en el sentido alemán de la palabra, o sea, en el mal sentido. Pero, de hecho, es cien veces más realista que sus predecesores en el asunto de la crítica económica. De ninguna manera se le puede llamar idealista».*

No puedo dar otra respuesta mejor al redactor que algunos extractos de su propia crítica, los cuales, además, podrían interesar a algunos de mis lectores a los que el original ruso sea inaccesible.

Después de una cita de mi discurso preliminar a la Crítica de la economía política, *donde he puesto el fundamento materialista de mi método, el señor redactor sigue escribiendo: «Para Marx no hay más que una cosa importante: hallar la ley de los fenómenos de cuya investigación se ocupa. Y no sólo da importancia a la ley que los domina cuando tienen una forma terminada y se encuentran en una conexión observada en un período dado. Además, le importa sobre todo la ley de su alteración, de su desarrollo, es decir, de la transición de una forma a otra, de un orden de conjunto a otro. Cuando ya ha descubierto esa ley, estudia detalladamente las consecuencias a través de las cuales se manifiesta en la vida social...*

»Por consiguiente, Marx no se preocupa más que de una sola cosa: probar, mediante exacta investigación científica, la necesidad de determinadas ordenaciones de las relaciones sociales y comprobar de la forma más irreprochable posible los hechos que le sirven de puntos de partida y de apoyo. Para ello, le basta con probar, al mismo tiempo que el orden presente, la necesidad de otro orden en el que tiene que desembocar de forma inevitable el primero, independientemente de que los hombres lo crean o no, tengan o no conciencia de ello. Marx considera el movimiento social como un proceso histórico-natural dirigido por leyes que no sólo son independientes de la voluntad, la conciencia y la intención de los hombres, sino que, además y a la inversa, determinan la voluntad, la conciencia y las intenciones de aquéllos... Si el elemento consciente tiene en la historia de la cultura un papel tan subordinado, entonces se entiende sin más que la crítica cuyo objeto es la cultura misma no puede tener, incluso menos que cualquier otra actividad, su fundamento en ninguna forma o ningún resultado de la conciencia. Esto es: no la idea, sino únicamente la manifestación externa puede servirle de punto de partida. La crítica se limitará a la comprensión y confrontación de un hecho no con la idea, sino con otro hecho. Lo verdaderamente importante para ella es que los dos hechos se investiguen con la mayor precisión posible y que realmente cada uno constituya respecto del otro un momento evolutivo diferente, y ante todo será importante que se indague con no menor precisión la serie de los órdenes, la sucesión y el enlace en que aparecen los estadios evolutivos. Pero —se objetará—, las leyes generales de la vida económica son siempre las mismas; con toda independencia de que se apliquen al presente o pasado. Precisamente esto es lo que niega Marx. Para él,

no existen tales leyes abstractas. En su opinión, al contrario, cada período de desarrollo dado, pasando de un estadio a otro, empieza también a ser orientado por otras leyes. Dicho en una palabra: la vida económica nos ofrece un fenómeno análogo a la historia de la evolución en otros terrenos de la biología. Los viejos economistas equivocaron la naturaleza de las leyes económicas al compararlas con las leyes de la física y la química. Un análisis más profundo demostró que los organismos sociales se distinguen unos de otros tan profundamente como los organismos vegetales y animales. Y aún más: un mismo fenómeno está sometido a leyes totalmente distintas según las diferencias de la construcción global de aquellos organismos, de las condiciones en las que funcionan, etcétera. Por ejemplo, Marx niega que la ley de la población sea la misma en todos los tiempos y lugares. Él asegura, al contrario, que cualquier estadio de desarrollo tiene su propia ley de la población. Con el diverso desarrollo de la fuerza productiva se alteran también las circunstancias y relaciones y las leyes que las regulan. Cuando Marx se propone la finalidad de investigar y explicar el orden económico capitalista desde ese punto de vista, no hace más que formular con rigor científico la finalidad que ha de tener cualquier investigación de la vida económica. El valor científico reside en la aclaración de las particulares leyes que regulan el nacimiento, la existencia, el desarrollo, la muerte de un organismo social dado y su sustitución por otro superior. Y el libro de Marx tiene, efectivamente, ese valor.»

Cuando representa el señor redactor tan acertadamente —y benevolente, según lo que hace a mi aplicación personal—, lo que llama mi método real, ¿qué ha representado sino el método dialéctico?

Verdad que el modo de exposición debe distinguirse formalmente del modo de investigación. La investigación tiene que apropiarse detalladamente el material, analizar sus diferentes

134

formas de desarrollo y rastrear su vínculo interno. Solamente cuando se ha consumado este trabajo se puede representar adecuadamente el movimiento real. Si se consigue esto y la vida del material se refleja de forma ideal, puede parecer como si se estuviera ante una construcción a priori.

Mi método dialéctico es, por su fundamento, no sólo distinto del hegeliano, sino su contrario directo. Para Hegel, el proceso del pensamiento, al que bajo el nombre de Idea transforma incluso en un sujeto autónomo, es el demiurgo de lo real, lo cual constituye sólo su manifestación exterior. En mi caso, a la inversa, lo ideal no es más que lo material transpuesto y traducido en la cabeza del hombre.

Hace casi treinta años que critiqué el lado mistificador de la dialéctica hegeliana* *en una época en la que todavía era la moda del día. Pero, precisamente, cuando componía el primer volumen de* El Capital, *los impertinentes, soberbios y mediocres epígonos que hoy tienen la gran palabra en la Alemania instruida, se complacían en tratar a Hegel como el bueno de Moses Mendelssohn Spinoza en tiempos de Lessing, esto es, como a un «perro muerto». Por esto me confesé abiertamente discípulo de aquel extraordinario pensador, e incluso coqueteé aquí y allá, en el capítulo sobre la teoría del valor, con el modo de expresión que le era característico. La mistificación que sufre la dialéctica en manos de Hegel no impide en modo alguno que él sea el primero en exponer de una forma global y consciente sus formas generales de movimiento. La dialéctica queda bocabajo en manos de Hegel. Hay que revolverla para descubrir el núcleo racional en el místico tegumento.*

La dialéctica fue moda alemana en su forma mistificada porque parecía transfigurar lo que ya existía. En su figura

---

* Se refiere a sus obras *Crítica de la filosofía del Estado de Hegel, Manuscritos económico-filosóficos de 1844* y *La ideología alemana.*

racional es un escándalo y un horror para la burguesía, porque abarca en la comprensión positiva de lo existente también y a la vez la comprensión de su negación, de su ocaso necesario, concibe toda forma devenida en el flujo del movimiento, o sea, también por su lado perecedero, no se deja impresionar por nada y es por su esencia crítica y revolucionaria.

El contradictorio movimiento de la sociedad capitalista se hace perceptible de la forma más llamativa para el burgués práctico en las peripecias del ciclo periódico que recorre la industria moderna, y en su punto culminante, la crisis general. Ésta se vuelve a poner en marcha, aunque todavía se encuentre en los estados previos, y con la universalidad de su escenario y la intensidad de su efecto meterá la dialéctica en la cabeza incluso de los niños mimados del nuevo Sacro Imperio Alemán de la Nación Prusiana.

Marx concibió su doctrina como movimiento revolucionario cuyo objeto es acelerar la ruina del capitalismo que al llevar larvada su propia contradicción le conduce a su destrucción. La meta será la *sociedad comunista*, donde el hombre encontrará su pleno desarrollo social e individual, superando las enajenaciones o *alienaciones* del sistema capitalista (entendiendo por *alienación*, lo malo, lo injusto, o fuera de lugar).

Estas alienaciones que colocan al hombre fuera de sí, son, siempre según Marx:

a) La alienación *económica* que atenta tanto contra el trabajador —porque el producto de su trabajo se lo lleva el capitalista—, como contra éste, porque al recibirlo, no se perfecciona con su esfuerzo. La raíz de esta alienación se halla en que mientras el trabajo es colectivo,

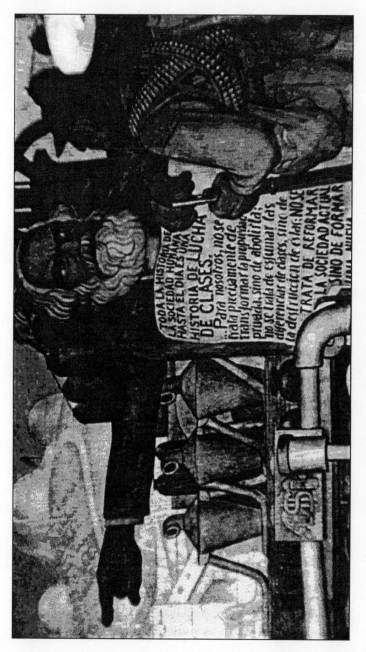

Fresco del mexicano Diego Rivera con frases célebres del Manifiesto de Marx y Engels.

los medios de producción son individuales (es decir, de los capitalistas).

b) *Social*. El hombre, social por naturaleza, busca en otros su complemento, pero en el capitalismo sus dos clases sociales: *burguesía* y *proletariado*, no pueden complementarse por ser antagónicas, siendo ilusoria toda reconciliación. Acabando con la alienación económica, mediante la supresión de la propiedad privada, se acabará con las clases sociales y el hombre podrá realizarse en una sola sociedad.

c) *Política*. Porque en una sociedad donde los individuos no son iguales económicamente es imposible la verdadera igualdad de derechos del capitalismo liberal, la «fraternidad y la libertad» (como no sea «la de morirse de hambre»).

d) *Religiosa*. Porque, según Marx, se cree en la existencia de seres espirituales que no existen. La clase oprimida ve en la dominante un reflejo de los dioses y sueña en otra vida en la que se repararán las injusticias. La clase dominante favorecerá a la religión como «opio del pueblo» que la diviniza y asegura sus privilegios. Acabando con la propiedad privada, al no existir explotadores, no será necesaria la religión.

e) *Filosófica*. Actitud del mundo desordenado capitalista, en el que se conocen sólo en teoría los conflictos políticos y socioeconómicos, mientras que la verdadera filosofía del marxismo es la *praxis*, es decir, la acción para resolverlos.

CAPÍTULO XVIII

EL CAPITAL (extractos)

Capítulo X
La jornada de trabajo

Límites de la jornada de trabajo

Partimos del supuesto de que la fuerza del trabajo es comprada y vendida por su valor. Este valor, como el de cualquier mercancía, está determinado por el tiempo de trabajo invertido en su producción. Habiendo comprado el capitalista la fuerza de trabajo en su valor diario, ha adquirido en consecuencia el derecho de hacer trabajar al obrero durante todo el día. Pero ¿qué entendemos por un día de trabajo?

La jornada de trabajo varía entre límites que imponen por una parte la sociedad y la Naturaleza por otra. Hay un mínimo, que es la parte de la jornada en la que el obrero debe trabajar necesariamente para su propia conservación; es decir, es el tiempo de trabajo necesario, hasta el cual no consiente descender nuestra organización social, basada en el sistema de producción capitalista; efectivamente, descansando en la formación de plusvalía, este sistema de producción exige, además del trabajo necesario, cierta cantidad de trabajo adicional; dicho de otro modo, cierta cantidad de sobretrabajo. Hay también un máximo que no permite traspasar los límites fijos de la fuerza de trabajo, el tiempo forzosamente consagrado cada día por el trabajador a dormir, a comer... la Naturaleza, en una palabra.

Estos límites son por sí mismos muy elásticos. Un día de trabajo es de todas formas menor que un día natural. ¿En cuánto? Una de sus partes está bien determinada por el tiempo de trabajo necesario; pero su magnitud total varía con arreglo a la magnitud del sobretrabajo.

El comprador procura sacar del empleo de la mercancía comprada el mayor partido posible; y en este sentido obra el capitalista, comprador de la fuerza del trabajo; tiene un móvil único: acrecentar su capital, absorber todo el sobretrabajo posible, crear plusvalía.

El trabajador tiende, por su parte, y con razón, a no gastar su fuerza de trabajo más que en los límites compatibles con su duración natural y su desarrollo regular. Quisiera no gastar cada día más que la fuerza que puede rehacer merced a su salario.

Pero el capitalista sostiene su derecho como comprador cuando procura prolongar todo lo posible la jornada de trabajo. El obrero, por otro lado, sostiene su derecho como vendedor cuando quiere reducir la jornada de trabajo, de modo que sólo transforme en trabajo la cantidad de fuerza cuyo gasto no perjudique a su cuerpo. Tenemos, pues, derecho contra derecho, ambos basados igualmente en la ley que regula el cambio de las mercancías. ¿Quién ha de decidir entre dos derechos iguales? La fuerza. Aquí tenemos por qué la reglamentación de la jornada de trabajo se presentan en la historia de la producción capitalista como una lucha entre el capitalista y el obrero.

El capital, hambriento de sobretrabajo

El sobretrabajo no ha sido inventado por el capitalista. Dondequiera que una parte de la sociedad posee el monopolio de los medios de producción, el trabajador, sea libre o no lo sea, está obligado a añadir al tiempo de trabajo necesario para su propio sostenimiento un exceso destinado a suministrar la subsistencia del que posee los medios de producción. Poco importa que este propietario sea dueño de esclavos, señor feudal o capitalista.

No obstante, mientras la forma económica de una sociedad es tal que en ella se considera la utilidad de una cosa más bien que la cantidad de oro o plata por la que puede cambiarse, en otros términos, el valor de uso más bien que el valor de cambio, el sobretrabajo encuentra un límite en la satisfacción de determinadas necesidades. Por el contrario, cuando el valor de cambio domina, llega a ser ley hacer trabajar todo lo posible.

Cuando son arrastrados a un mercado internacional donde domina el sistema de producción capitalista, pueblos cuya producción se opera todavía por medio de las formas inferiores de exclavitud y servidumbre, y cuando llega a ser su interés principal la venta de sus productos en el extranjero, los horrores del sobretrabajo, fruto de la civilización, vienen desde este momento a añadirse a la barbarie de la esclavitud y de la servidumbre. Mientras la producción tendía sobre todo a la satisfacción de las necesidades inmediatas en los Estados del Sur de la Unión americana, el trabajo de los negros presentó un carácter moderado; pero a medida que la exportación del algodón llegó a constituir el interés principal de esos Estados, el negro fue extenuado por el trabajo, y el consumo de su vida en siete años de trabajo entró como parte de un sistema calculado fríamente. Ya no se trataba, como antes, de obtener de él cierta masa de productos útiles; se trataba, ante todo, de la producción de plusvalía. Igual ha sucedido con el siervo en los principados del Danubio.

¿Qué es una jornada de trabajo? ¿Cuál es la duración del tiempo en que el capital tiene el derecho de consumir la fuerza de trabajo cuyo valor compra por un día? ¿Hasta dónde puede prolongarse la jornada más del trabajo necesario para la reproducción de esta fuerza? El capital responde de la siguiente forma: «La jornada de trabajo comprende veinticuatro horas completas, de las que se deducen las horas de descanso, sin las cuales la fuerza del trabajo estaría en la imposibilidad absoluta de volver a la labor».

Vemos, pues, que no queda tiempo para el desarrollo intelectual, para el libre ejercicio del cuerpo y del espíritu. El capital monopoliza el tiempo que exigen el desarrollo y sostenimiento del cuerpo en cabal salud, escatima el tiempo de las comidas y reduce el tiempo de sueño al mínimo de entorpecimiento sin el que el extenuado organismo no podría funcionar. No es, pues, el sostenimiento regular de la fuerza de trabajo el que sirve de regla para la limitación de la jornada de trabajo; al contrario, el tiempo de reposo concedido al obrero está regulado por el mayor gasto posible de su fuerza por día.

Explotación del trabajador libre en la forma y en el fondo

Si imaginamos que la jornada de trabajo está compuesta de seis horas de trabajo necesario y seis horas de sobretrabajo, el trabajador libre da al capitalista treinta y seis horas de sobretrabajo en los seis días de la semana. Es lo mismo que si trabajase tres días para sí y tres días gratis para el capitalista. Pero esto no salta a la vista: se confunde entre sí el sobretrabajo y el trabajo necesario. No ocurre lo mismo con la servidumbre corporal. En esta forma de servidumbre, el sobretrabajo es independiente del trabajo necesario; el labriego ejecuta esto en su campo propio y aquél en la tierra señorial; distingue así claramente el trabajo que ejecuta para su propio sostenimiento y el que realiza para el señor.

Es menos visible la explotación del trabajador libre; tiene una forma más hipócrita. Pero, en realidad, la diferencia de forma en nada altera el fondo a menos que no sea para empeorarlo. Tres días de sobretrabajo por semana son siempre tres días de trabajo que nada producen al trabajador, cualquiera que sea el nombre que tengan, servidumbre corporal o beneficio.

Hemos dicho que lo que interesa únicamente al capital es el máximo de esfuerzos que, en definitiva, puede arrancar a la fuerza de trabajo en una jornada. Procura conseguir su objeto sin inquietarse por lo que pueda durar la vida de la fuerza de trabajo; así ocasiona la debilidad y la muerte prematura, privándola, por la prolongación impuesta de la jornada, de sus condiciones regulares de actividad y de desarrollo, tanto en lo físico como en lo moral.

Sin embargo, parece que el interés mismo del capital debería impulsarle a economizar una fuerza que le es indispensable; pero la experiencia enseña al capitalista que, por regla general, hay exceso de población con relación a la necesidad del momento del capital, aunque esta masa abundante esté formada de generaciones humanas mal desarrolladas, entecas y en disposición de extinguirse.

También demuestra la experiencia al observador inteligente con qué rapidez la producción capitalista, que cronológicamente hablando es de fecha reciente, ataca en la misma raíz la sustancia y la fuerza del pueblo; manifiesta cómo el aniquilamiento de la población industrial se hace más lento por la absorción constante de elementos nuevos tomados a los campos, y cómo los mismos trabajadores de los campos empiezan a decaer.

Pero el capital se preocupa tanto de la extenuación de la raza como de la dislocación de la tierra. En todo período de especulación, cada cual sabe que ocurrirá un día la explosión, pero cada uno espera no ser arrollado por ella después de haber obtenido el beneficio ansiado. «¡Después de mí, el diluvio!», tal es el lema de todo capitalista.

Trabajo de día y trabajo de noche

El capital sólo piensa en la formación de plusvalía, sin que se preocupe de la salud ni de la vida del trabajador. Es bien cierto que considerando las cosas en conjunto, esto no depende tampoco de la buena o mala voluntad del capitalista como individuo. La concurrencia anula las voluntades individuales y somete a los capitalistas a las imperiosas leyes de la producción capitalista.

Si están inactivos los medios de producción, son causa de pérdida para el capitalista, pues durante el tiempo que no absorben trabajo, representan un adelanto inútil de capital, además de exigir con frecuencia un gasto suplementario cada vez que se vuelve a empezar la obra. Siendo imposible físicamente para las fuerzas de trabajo trabajar cada día veinticuatro horas, los capitalistas han vencido la dificultad; había en esto una cuestión de ganancia para ellos, e imaginaron emplear alternativamente fuerzas de trabajo durante el día y por la noche, lo cual puede efectuarse de diferentes formas, por ejemplo: una parte del personal del taller hace durante una semana el servicio de día y durante la siguiente semana el servicio de noche.

El sistema de trabajo de noche aprovecha tanto más al capitalista cuanto que se presta a una explotación escandalosa del trabajador; tiene, además, una influencia perniciosa sobre la salud, pero el capitalista realiza un beneficio, y esto es lo único que importa para él.

Reglamentación de la jornada de trabajo

De todas formas, el capitalista abusa sin tasa del trabajador en tanto que la sociedad no se lo impida. El resultado de una larga lucha entre capitalista y trabajador es el establecimiento de una jornada soportable de trabajo. La historia de esta lucha presenta, no obstante, dos tendencias opuestas.

Mientras que la legislación moderna acorta la jornada de trabajo, la antigua legislación procuraba prolongarla con el auxilio de los poderes públicos; se quería obtener del trabajador una cantidad de trabajo que la sola fuerza de las condiciones económicas no permitían imponerle todavía. En efecto, se necesitarían siglos para que el trabajador *libre*, a consecuencia del desarrollo de la producción capitalista, se prestase voluntariamente, es decir, se viera obligado socialmente a vender todo su tiempo de vida activa, su capacidad de trabajo, por el precio de sus habituales medios de subsistencia, su derecho de primogenitura por un plato de lentejas. Es por lo tanto natural que la prolongación de la jornada de trabajo, impuesta con la ayuda del Estado desde la mitad del siglo XIV hasta el XVIII, corresponda, poco más o menos, a la disminución del tiempo de trabajo que el Estado decreta e impone acá y allá en la segunda mitad del siglo XIX.

Si en naciones como Inglaterra las leyes moderan con una limitación oficial la jornada de trabajo, el encarnizamiento del capital por absorber trabajo, es porque, aparte del movimiento cada vez más amenazador de las clases obreras, esta limitación ha sido dictada por la necesidad. La misma concupiscencia ciega que agota el suelo, atacaba en su raíz la fuerza vital de la nación y, como acabamos de demostrar, ocasionaba su aniquilamiento.

Lucha por la limitación de la jornada de trabajo

El fin real, el objeto especial de la producción capitalista es la producción de plusvalía o la sustracción de trabajo extra; ha de tenerse en cuenta que sólo el trabajador independiente puede, en calidad de poseedor de la mercancía, contratar con el capitalista; pero el trabajador aislado, el trabajador como libre vendedor de su fuerza de trabajo, debe someterse sin resistencia posible cuando la producción capitalista alcanza cierto grado.

Se hace necesario confesar que nuestro trabajador sale del dominio de la producción de forma distinta a la que entró en ella. Se había presentado en el mercado como poseedor de la mercancía «fuerza de trabajo» enfrente de poseedores de otras mercancías, mercader frente a mercader. El contrato mediante el cual vendía su fuerza de trabajo parecía resultar de un acuerdo entre dos voluntades libres, la del vendedor y la de comprador.

Concluido el negocio, se descubre que el trabajador no era libre y que el tiempo por el cual puede vender su fuerza de trabajo es el tiempo por el que está obligado a venderla y que, en realidad, el vampiro que le chupa la sangre no le deja mientras quede una gota que extraer. Para defenderse contra esta explotación es necesario que los obreros, ya por una presión de clase, ya por un esfuerzo colectivo, consigan que un obstáculo social les impida venderse ellos y sus hijos por «contrato libre» hasta la esclavitud y la muerte. La pomposa «declaración de los derechos humanos» es reemplazada de esta forma por una modesta ley que indica cuándo termina el tiempo que vende el trabajador y cuándo empieza el tiempo que solo le pertenece a él.

(...)

Capítulo XXV

Ley general de la acumulación capitalista

La composición del capital

Vamos a examinar la influencia que el acrecentamiento del capital ejerce en la suerte de la clase obrera. El elemento más importante para la solución de este problema es la composición del capital y los cambios que experimenta con el progreso de la acumulación.

La composición del capital puede ser considerada desde un punto de vista doble. Con relación a su valor, se halla determinada por la proporción, según la cual se divide el capital en parte constante (el valor de los medios de producción) y en parte variable (el valor de la fuerza obrera). Con relación a su material, tal como aparece en el acto productivo, todo capital consiste en medios de producción y en fuerza obrera activa, y su composición está determinada por la proporción que existe entre la masa de los medios de producción empleados y la cantidad de trabajo que se necesita para hacerlos funcionar.

La primera composición del capital es la *composición valor*; la segunda la *composición técnica*. Y para expresar el lazo íntimo existente entre las dos, denominaremos *composición orgánica* del capital a su composición-valor siempre que dependa ésta de su composición técnica, y que, por lo tanto, los cambios ocurridos en la cantidad de medios de producción y de fuerza obrera influyan en su valor. Cuando hablamos en general de la composición del capital, se trata siempre de su composición orgánica.

Los numerosos capitales colocados en un mismo ramo de producción, y que funcionan en manos de una multitud de capitalistas independientes unos de otros, difieren más o menos en su composición, pero el término medio de sus composiciones particulares constituye la composición del capital social consagrado a este ramo de producción. La composición media del capital varía mucho de uno a otro ramo de producción, pero el término medio de todas estas composiciones medias constituye la composición del capital social empleado en un país, siendo de esta última de la que se trata en las siguientes investigaciones.

Circunstancias en que la acumulación del capital puede provocar un alza en los salarios

Cierta cantidad de la plusvalía capitalizada debe ser adelantada en salarios. Así pues, imaginando que la composición del capital sea la misma, la demanda de trabajo marchará a compás de la acumulación, y la parte variable del capital aumentará al menos en la misma proporción que su masa total.

De esta forma, el progreso constante de la acumulación debe provocar tarde o temprano una elevación gradual de los salarios. Porque proporcionando anualmente ocupación a un número de asalariados mayor que el del año anterior, las necesidades de esta acumulación, la cual va siempre en aumento, acabarán por sobrepujar la oferta ordinaria de trabajo, y por descontado, se elevará el tipo de los salarios.

No obstante, las circunstancias más o menos favorables en medio de las cuales la clase obrera se reproduce y se multiplica, no alteran en nada el carácter fundamental de la reproducción capitalista. Así como la reproducción simple vuelve a traer constantemente la misma relación social, capitalismo y asalariado, de la misma forma la acumulación no hace más que reproducir, con más capitalistas o capitalistas más poderosos por un lado, más asalariados por otro. La reproducción del capital encierra la de su gran instrumento de crear valor: la fuerza de trabajo. Acumulación del capital es, pues, a la vez, aumento del proletariado, de los asalariados que transforman su fuerza obrera en fuerza vital del capital y se convierten de esta forma, de grado o por fuerza, en siervos de su propio producto, que es propiedad del capitalista.

En la situación que estamos imaginando, y que es la más favorable posible para los obreros, su estado de dependencia reviste, pues, las formas más soportables. En vez de ganar

Jenny le dio a Marx un nieto, que le alegró los últimos y penosos años de su vida.

en intensidad, la explotación y la dominación capitalista ganan simplemente en extensión a medida que va aumentando el capital, y con él el número de sus vasallos. Entonces toca a éstos una parte mayor del producto líquido siempre creciente, de suerte que se hallan en disposición de ensanchar el círculo de sus goces, de alimentarse mejor, de vestirse, de proveerse de mobiliario, etcétera, y de formar pequeñas reservas pecuniarias.

Pero si un trato mejor para con el esclavo, una limitación más abundante, vestidos más decentes, y un poco más de dinero por añadidura, no pueden romper las cadenas de la esclavitud, idénticamente sucede con las del asalariado.

No hay que olvidar, efectivamente, que la ley absoluta del sistema de producción capitalista es fabricar plusvalía. Lo que el comprador de la fuerza obrera se propone es enriquecerse haciendo valer su capital, produciendo mercancías que contienen más trabajo del que paga por ellas, y con cuya venta realiza, por lo tanto, una porción de valor que no le ha costado nada. Cualesquiera que sean las condiciones de la venta de la fuerza obrera, la naturaleza del salario es poner siempre en movimiento cierta cantidad de trabajo gratuito. El aumento del salario no indica sino una disminución relativa del trabajo gratuito que el obrero debe proporcionar siempre; pero esta disminución nunca llegará a ser tal que ponga en peligro el sistema capitalista.

Hemos admitido que el tipo de los salarios haya podido elevarse gracias a un aumento del capital superior al del trabajo ofrecido. Solamente queda entonces esta alternativa: o los salarios continúan aumentando, y siendo motivado este movimiento por los progresos de la acumulación, es evidente que la disminución del trabajo gratuito de los obreros no impide al capital extender su dominación, o bien el alza continua de los salarios comienza a perjudicar a la acumulación, y ésta llega a disminuir; pero esta disminución nunca hace desaparecer la causa primera del alza, que no es otra sino el exceso del capital comparado con la oferta de trabajo; de forma inmediata el tipo del salario vuelve a descender a un nivel en armonía con las necesidades del movimiento del capital, nivel que puede ser superior, igual o inferior al que era en el momento de efectuarse el alza de los salarios.

De este modo, el mecanismo de la producción capitalista vence por sí solo el obstáculo que puede llegar a crear, incluso en el caso de que no varíe la composición del capital. Pero el alza de los salarios es un acicate poderoso que impele al perfeccionamiento de la maquinaria, y por lo tanto, al cambio en la composición del capital que trae por consecuencia la baja de los salarios.

La magnitud del capital no depende del número de la población obrera

Tenemos que conocer a fondo la relación que existe entre los movimientos del capital en vías de acumulación y las oscilaciones del tipo de los salarios que a aquéllos se refieren.

Ya sea un exceso de capital procedente de una acumulación más rápida, la cual hace que el trabajo ofrecido sea relativamente insuficiente y, por ende, tiende a elevar su precio; ya un aminoramiento de la acumulación, que da por resultado que el trabajo ofrecido sea relativamente superabundante, y rebaja su precio. El movimiento de aumento y de disminución del capital en vías de acumulación produce, pues, alternativamente la insuficiencia y la superabundancia relativas del trabajo ofrecido; peo ni una baja efectiva del número de la población obrera hace que el capital abunde en el primer caso, ni un aumento efectivo de dicho número hace al capital insuficiente en el segundo.

151

La relación entre la acumulación del capital y el tipo del salario no es más que la relación entre el trabajo gratuito, transformado en capital, y el suplemento de trabajo pagado que exige este capital extra para ser puesto en actividad. No es una relación entre dos términos independientes uno de otro, a saber, por un lado la suma del capital y por otro el número de la población obrera, sino en último término, una relación entre el trabajo gratuito y el trabajo pagado de la misma población obrera.

Si la cantidad de trabajo gratuito que suministra la clase obrera, y que, en consecuencia, acumula la clase capitalista, aumenta tan rápidamente que su transformación en nuevo capital necesita un suplemento extraordinario de trabajo pagado; en una palabra, si el aumento de capital produce una demanda más considerable de trabajo, el salario sube, y siendo las mismas las demás circunstancias, el trabajo gratuito disminuye proporcionalmente. Pero desde el momento en que, a consecuencia de esta disminución del sobretrabajo, hay aminoramiento de la acumulación, sobreviene una reacción, la parte de la renta que se capitaliza es menor, la demanda de trabajo disminuye y el salario baja.

El precio del trabajo no puede elevarse jamás sino en unos límites que dejen intactas las bases del sistema capitalista y aseguren la producción del capital en una escala mayor. ¿Cómo podría suceder otra cosa donde el trabajador únicamente existe para aumentar la riqueza ajena creada por él? Así como en el mundo religioso el hombre se halla dominado por la obra de su mente, de la misma forma, en el mundo capitalista, lo es por la obra de sus manos.

La parte variable del capital disminuye relativamente a su parte constante

Como no depende el alza de los salarios sino del progreso continuo de la acumulación y de su grado de actividad, nos es necesario esclarecer las condiciones en que tiene lugar este progreso. Adam Smith dice:

> *La misma causa que hace que se eleven los salarios del trabajo, el aumento del capital tiende a aumentar las fuerzas productivas del trabajo y a poner una cantidad menor de trabajo en estado de producir una mayor cantidad de obra.*

Este resultado se obtiene mediante una serie de cambios en la manera de producir, que ponen a una cantidad dada de fuerza obrera en condiciones de manejar una masa cada vez mayor de medios de producción. En este aumento, por relación a la fuerza obrera empleada, los medios de producción desempeñan un doble papel. Los unos, máquinas, edificios, hornos, aumentan en número, extensión y eficacia, para hacer al trabajo más productivo; en tanto que los otros, materias primas y auxiliares, aumentan porque el trabajo, al hacerse más productivo, consume mayor cantidad de ellas en un tiempo determinado.

En el progreso de la acumulación no hay solamente aumento cuantitativo de los diversos elementos del capital: el desarrollo de las potencias productivas, que trae este progreso, se manifiesta todavía por cambios cualitativos en la composición técnica del capital: la masa de los medios de producción, maquinaria y materiales, aumenta cada vez más en comparación con la cantidad de fuerza obrera indispensable para hacerlos funcionar.

Estos cambios en la composición técnica del capital obran sobre su composición-valor y traen consigo un aumento siempre creciente de su parte constante a expensas de su parte variable; de modo que si, por ejemplo, en una época atrasada de la acumulación se transforma el cincuenta por cien del valor capital en medios productivos, y otro cincuenta por cien en trabajo, en una época posterior se empleará el ochenta por cien del valor capital en medios de producción y sólo el veinte por ciento en trabajo.

Mas este aumento del valor de los medios de producción no indica sino lejanamente el aumento mucho más rápido y más considerable de su masa; la razón de ello es que ese mismo progreso de las potencias del trabajo, que se manifiesta por el aumento de la maquinaria y de los materiales puestos en actividad con auxilio de una cantidad menor de trabajo, hace disminuir el valor de la mayor parte de los productos, y principalmente el de los que funcionan como medios de producción; su valor no se eleva tanto como su masa.

Hay que notar, por otra parte, que el progreso de la acumulación, al disminuir el capital variable relativamente al capital constante, no impide su aumento efectivo. Si suponemos que un valor-capital de treinta y seis euros se divide primero por la mitad en parte constante y en parte variable, y que más tarde, habiendo llegado, a consecuencia de la acumulación, a la cantidad de ciento ocho euros, la parte variable de esta cantidad no es más que la quinta, y a pesar de su disminución relativa de la mitad a la quinta parte, dicha parte variable se ha elevado de dieciocho a veintidos euros.

La cooperación, la división manufacturera del trabajo, la fabricación mecánica, etcétera, en suma, los métodos apropiados para desarrollar las fuerzas del trabajo colectivo, no pueden introducirse sino allí donde la producción tiene ya lugar a gran escala, y en la medida que ésta se extiende, aquellas fuerzas se desarrollán más y más. Teniendo por base el régimen del salario, la escala de las operaciones depende, en

154

primer lugar, de la suma de los capitales acumulados entre las manos de los empresarios privados. De este modo, la acumulación previa, cuyo origen examinaremos después, llega a ser el punto de partida del sistema de producción capitalista. Pero todos los métodos que usa este sistema de producción para hacer el trabajo más productivo, son otros tantos métodos para aumentar la plusvalía o el producto líquido, para alimentar la fuente de la acumulación.

Así, pues, si la acumulación debe haber alcanzado cierto grado de extensión para que pueda establecerse el modo de producción capitalista, éste acelera de rechazo la acumulación, cuyo nuevo progreso, al permitir un nuevo acrecentamiento de las empresas, extiende nuevamente la producción capitalista. Este desarrollo recíproco ocasiona en la composición técnica del capital las variaciones que van disminuyendo cada vez más su parte variable, pagando la fuerza de trabajo con relación a la parte constante que representa el valor de los medios de producción empleados.

Concentración y centralización

Cada uno de los capitales individuales de que se compone el capital social representa desde luego cierta concentración en manos de un capitalista de medios de producción y de medios de subsistencia del trabajo, y a medida que se produce la acumulación, esta concentración se extiende. Si se aumentan los elementos reproductivos de la riqueza, la acumulación opera, pues, al mismo tiempo, su concentración cada vez mayor en manos de empresarios privados.

Todos estos capitales individuales que componen el capital social realizan juntamente su movimiento de acumulación, es decir, de reproducción en una escala cada vez mayor. Cada capital se enriquece con los elementos suplementarios que resultan de esta reproducción, y conserva así, al aumentarse, su existencia distinta y limita el círculo de acción de los demás. Por lo tanto, el movimiento de concentración no sólo se esparce en tantos puntos como la acumulación, sino que la división del capital social en una multitud de capitales independientes unos de otros se mantiene precisamente porque todo capital individual funciona como centro de concentración.

Acrecienta otro tanto el capital social el aumento de los capitales individuales. Pero la acumulación del capital social resulta, no sólo del acrecentamiento sucesivo de los capitales individuales, sino incluso del aumento de su número, por la transformación, por ejemplo, en capitales de valores improductivos. Además, capitales enormes lentamente acumulados se dividen, en un momento dado, en muchos capitales diferentes, como con ocasión del reparto de una herencia sucede en las familias capitalistas. La concentración desaparece con la formación de nuevos capitales y con la división de los antiguos. El movimiento de la acumulación social presenta, pues, por un lado, una concentración cada vez mayor de los elementos reproductivos de la riqueza entre manos de empresarios privados y, por otro, la diseminación y la multiplicación de los centros de acumulación y de concentración.

En cierto momento del progreso económico, esta división del capital social en multitud de capitales individuales se ve contrariada por el movimiento opuesto, merced al cual, atrayéndose mutuamente, se reúnen distintos centros de acumulación y de concentración. Cierto número de capitales se funden entonces en un número menor; en una palabra, hay concentración propiamente dicha. Examinemos esta atracción del capital por el capital.

La guerra de la competencia se hace bajando cada cual los precios todo lo que puede. Siendo iguales las demás circunstancias, la baratura de los productos depende de la productividad del trabajo, y ésta de la escala de las empresas.

156

Los grandes capitales vencen a los pequeños. Ya hemos visto anteriormente que cuanto más se desarrolla el sistema de producción capitalista, más aumenta el mínimo de los adelantos necesarios para explotar una industria en sus condiciones regulares. Los pequeños capitales se dirigen hacia los ramos de la producción de que la gran industria todavía no se ha apoderado, o de que sólo se ha apoderado de una manera imperfecta. La competencia es violentísima en este terreno, y siempre termina con la ruina de un buen número de pequeños capitales, cuyos capitales perecen en parte y en parte pasan a manos del vencedor.

El desarrollo de la producción capitalista da origen a una potencia completamente nueva, el crédito que, en sus principios, se introduce de forma cautelosa cual modesto auxiliar de la acumulación, se convierte enseguida en una nueva y terrible arma de la guerra de la competencia, y por último se transforma en un inmenso aparato social destinado a centralizar los capitales.

A medida que se extiende la acumulación y la producción capitalista, la competencia y el crédito, los más poderosos agentes de la centralización, se desarrollan también. Por eso, en nuestra época, la tendencia a la centralización es más poderosa que en ninguna otra época histórica. Lo que principalmente diferencia la centralización de la concentración, que no es más que la consecuencia de la reproducción en mayor escala, es que la centralización no depende de un aumento efectivo del capital social; los capitales individuales de que éste es la reunión, la materia que se centraliza, pueden ser más o menos considerables, dependiendo eso de los progresos de la acumulación; pero la centralización no admite más que un cambio de distribución en los capitales existentes, una sola modificación en el número de los capitales individuales que componen el capital social.

En una rama de producción particular, la centralización no habría llegado a su último límite sino en el momento en que todos los capitales individuales que estuviesen empeñados en ella no formasen más que un solo capital individual. En una sociedad dada, tampoco llegaría a su último límite sino cuando el capital nacional entero no formase más que un solo capital y se hallase en manos de un solo capitalista o de una sola compañía de capitalistas.

La centralización no hace otra cosa que ayudar a la obra de acumulación, poniendo a los industriales en situación de ensanchar el círculo de sus operaciones. Que este resultado se deba a la acumulación de la centralización, que se efectúe ésta por el violento sistema de la anexión, venciendo unos capitales a otros y enriqueciéndose con sus elementos desunidos, o que la fusión de una multitud de capitales se verifique por el procedimiento más suave de las sociedades por acciones, etcétera, el efecto económico de esta transformación no dejará de ser el mismo. La extensión del círculo de las empresas será constantemente el punto de partida de una organización más vasta del trabajo colectivo, de un desarrollo más amplio de sus resortes materiales o, lo que es lo mismo, de la transformación cada vez mayor de movimientos de producción parciales y rutinarios en movimientos de producción combinados, social y científicamente ordenados.

Es obvio que la acumulación, el acrecentamiento gradual del capital merced a su reproducción en una escala creciente, no es más que un procedimiento lento comparado con la centralización, la cual, en primer lugar, sólo cambia la disposición cuantitativa de las partes componentes del capital. El mundo carecería todavía del sistema de los ferrocarriles, por ejemplo, si hubiera tenido que esperar el momento en que los capitales individuales se hubieran suficientemente acrecentado por la acumulación para hallarse en estado de tomar a

Monumento a Karl Marx en una plaza de Moscú.

su cargo una empresa de tamaña importancia, que la centralización del capital, por el auxilio de las sociedades por acciones, ha efectuado, por decirlo así, en un abrir y cerrar de ojos.

Los grandes capitales creados por la centralización se reproducen como los demás, pero con más rapidez, y se convierten a su vez en poderosos agentes de la acumulación social. Al aumentar y hacer más rápidos los efectos de la acumulación, la centralización extiende y precipita las variaciones en la composición técnica del capital, variaciones que aumentan su parte constante a expensas de su parte variable u ocasionan en la demanda de trabajo una disminución relativa a la cantidad del capital.

Demanda de trabajo relativa y demanda de trabajo efectiva

No depende la demanda de trabajo efectiva que ocasiona un capital de la cantidad absoluta de su parte variable, única que se cambia por la fuerza obrera. La demanda de trabajo relativa que ocasiona un capital, es decir, la proporción entre la cantidad de este capital y la suma de trabajo que absorbe, está determinada por la cantidad proporcional de su parte variable relativamente a su cantidad total. Hemos visto que la acumulación que aumenta el capital social reduce al mismo tiempo la cantidad relativa de su parte variable y disminuye de esta forma la demanda de trabajo relativa. ¿Cuál es ahora la influencia de este movimiento en la suerte de la clase obrera? Lógicamente, para resolver este problema es necesario examinar, desde luego, de qué modo una disminución en la demanda de trabajo relativa ejerce su acción sobre la demanda de trabajo efectiva.

Supongamos un capital de siete euros con veintiún céntimos; la cantidad relativa de la parte variable es de la mitad del capital entero. No variando éste y bajando aquélla de la mitad a la tercera parte, la cantidad efectiva de esta parte no es más que de 2,4 euros, en vez de ser de 3,61 euros; mientras no varía la cantidad de un capital, cualquier disminución en la cantidad relativa de su parte variable es al mismo tiempo una disminución de la cantidad efectiva de aquél.

Si triplicamos el capital de 7,21 euros, que se convertirá, por supuesto, en 21,64 euros, la cantidad relativa de la parte variable disminuye en esta misma proporción, es decir, es dividida por tres, y baja entonces de la mitad a la sexta parte; su cantidad efectiva será de 3,61 euros, como en su principio, pues 3,61 es la sexta parte de 21,64 y la mitad de 7,21; variando la cantidad total del capital, el fondo de los salarios, a pesar de una disminución de su cantidad relativa, conserva la misma cantidad efectiva, si esta disminución se verifica en la misma proporción que el aumento del capital entero.

Si se duplica el capital de 7,21 euros será de 14,42 euros; si la cantidad relativa de la parte variable disminuye en mayor proporción que ha aumentado el capital, y baja, por ejemplo, como en el caso anterior, de la mitad a la sexta parte, su cantidad efectiva no será más que de 3,61 euros; si la disminución de la cantidad relativa de la parte variable tiene lugar en mayor proporción que el aumento del capital adelantado, el fondo de salario sufre una disminución efectiva, a pesar del aumento del capital. Si se triplica el mismo capital de 7,21 euros, resultará de 21,64 euros; la cantidad relativa de la parte variable disminuye, pero en menor proporción que ha aumentado el capital; dividida por dos, mientras que el capital ha sido multiplicado por tres, baja de la mitad a la cuarta parte; su cantidad efectiva asciende a 5,41 euros si la disminución de la cantidad relativa de la parte variable tiene lugar en una proporción menor que el aumento del capital entero, el fondo del salario experimenta un aumento efectivo. Estos son los períodos sucesivos por los que atraviesan las masas del capital social distribuidas entre los distintos ramos de producción, y las condiciones diversas que presentan al mismo tiempo diferentes ramos de producción.

Tenemos los ejemplos de fábricas en que un mismo número de obreros es suficiente para poner en actividad una cantidad creciente de medios de producción; el aumento del capital procedente del acrecentamiento de su parte constante hace que disminuya en este caso otro tanto la cantidad relativa de la fuerza obrera explotada, sin variar su cantidad efectiva.

Hay también ejemplos de disminución efectiva del número de obreros ocupados en ciertos ramos de industria y de su aumento simultáneo en otros ramos, aunque en todos haya habido aumento del capital invertido.

En otro capítulo se han indicado las causas que, a pesar de las tendencias contrarias, motiva que las filas de los asalariados vayan engrosando con los progresos de la acumulación. Recordaremos aquí, pues, lo que hace relación a nuestro asunto.

El mismo desarrollo del maquinismo que ocasiona una disminución, no sólo relativa, sino frecuentemente efectiva, del número de obreros empleados en ciertos ramos de industria, permite a éstos suministrar una masa mayor de productos a bajo precio: estas industrias impulsan de esta forma el desarrollo de otras industrias, el de aquellas industrias a quienes proporcionan medios de producción, o bien el de aquéllas de donde sacan sus primeras materias, instrumentos, etcétera, formando así otros tantos mercados nuevos para el trabajo.

Hay momentos en que los trastornos técnicos se dejan sentir menos, en que la acumulación se presenta más bien como un movimiento de extensión sobre la última base técnica establecida. Entonces comienza de nuevo a operar más o menos la ley según la cual la demanda de trabajo aumenta en la misma proporción que el capital. Pero al mismo tiempo que el número

162

de obreros atraídos por el capital llega a su máximo, los productos llegan a ser tan abundantes, que al menor obstáculo que se oponga a su circulación, el mecanismo social parece como que se detiene y el trabajo se interrumpe, disminuye. La necesidad que obliga al capitalista a economizarlo, engendra entonces perfeccionamientos técnicos que reducen por consecuencia el número de los obreros necesarios.

La duración de los momentos en que la acumulación favorece más la demanda de trabajo, es cada día menor. Así, desde que la industria mecánica ha alcanzado la supremacía, el progreso de la acumulación redobla la energía de las fuerzas que tienden a disminuir la demanda de trabajo relativa y debilita las fuerzas que tienden a aumentar la demanda de trabajo efectiva. El capital variable, y por lo tanto la demanda de trabajo, aumenta con el capital social de que forma parte, pero aumenta en proporción decreciente.

La ley de población adecuada a la época capitalista

Encontrándose regida la demanda de trabajo, no sólo por la cantidad de capital variable puesta ya en actividad, sino también por el término medio de su aumento continuo, la oferta de trabajo sigue siendo normal mientras sigue este movimiento. Pero cuando el capital variable llega a un término medio de aumento inferior, la misma oferta de trabajo, que era normal hasta entonces, se hace superabundante, de forma que una parte más o menos considerable de la clase asalariada, habiendo dejado de ser necesaria para poner en actividad el capital, es entonces superflua, supernumeraria. Como se repite semejante hecho con el progreso de la acumulación, ésta arrastra en pos de sí un excedente de población que va continuamente en aumento.

El progreso de la acumulación y el movimiento, que la acompaña, de disminución proporcional del capital variable y de disminución correspondiente en la demanda de trabajo relativa que, como hemos visto, dan por resultado el aumento efectivo del capital variable y de la demanda de trabajo en una proporción decreciente, tienen, finalmente, por complemento la creación de un sobrante de población relativo. Llamémosle relativo porque proviene no de un aumento real de la población obrera, sino de la situación del capital social, que le permite prescindir de una parte más o menos considerable de sus obreros. Como no existe este sobrante de población más que con relación a las necesidades momentáneas de la explotación capitalista, puede aumentar o disminuir repentinamente, según los movimientos de expansión y de contracción de la producción.

Al producir la acumulación del capital, y a medida que lo consigue, la clase asalariada produce los instrumentos de su anulación o de su transformación en sobrante de población relativo. Tal es la *ley de población* que distingue a la época capitalista y corresponde a su sistema de producción particular. Cada uno de los sistemas históricos de la producción social tiene su ley de población adecuada, ley que se aplica sólo a él, que pasa con él, y que por consiguiente, no tiene más que un valor histórico.

Formación de un ejército industrial de reserva

Si la acumulación, el progreso de la riqueza sobre la base capitalista, crea necesariamente un excedente de población obrera, éste a su vez se convierte en el más poderoso auxiliar de la acumulación, en una condición de existencia de la producción capitalista, en su estado de completo desarrollo. Este sobrante de población forma un ejército de reserva industrial que pertenece al capitalista de una manera tan absoluta como si lo hubiese educado y disciplinado a expensas suyas: ejército que prové a sus necesidades variables de trabajo la materia humana, siempre explotable y disponible, independientemente del aumento natural de la población.

La presencia de esta reserva industrial, su entrada de nuevo, parcial o general, en el servicio activo, y su reconstitución con arreglo a un plan más vasto, se encuentra en el fondo de la vida accidentada que atraviesa la industria moderna, con la repetición casi regular cada diez años, aparte de las demás sacudidas irregulares, del mismo período compuesto de actividad ordinaria, de producción excesiva, de crisis y de inacción.

No se encuentra esta marcha singular de la industria en ninguna de las épocas anteriores de la humanidad. Sólo de la época en que el progreso mecánico, habiendo echado raíces bastante profundas, ejerció una influencia preponderante sobre toda la producción nacional; en que por él, el comercio exterior comenzó a sobreponerse al comercio interior; en que el mercado universal se anexionó sucesivamente vastos territorios en América, Australia y Asia; en que, por último, las naciones rivales se hicieron bastante numerosas; de esa época solamente datan los períodos florecientes que van a parar siempre a una crisis general, final de un período y origen de otro. Hasta ahora, la duración de los citados períodos es de diez u once años, pero no hay ninguna razón para que este número sea inmutable. Al contrario, debe deducirse de las leyes de la producción capitalista, tal como acabamos de desarrollarlas, que ese número variará y que los períodos irán acortándose.

El progreso industrial que sigue la marcha de la acumulación, al mismo tiempo que reduce cada vez más el número de obreros necesarios para poner en actividad una masa siempre creciente de medios de producción, aumenta la cantidad de trabajo que debe proporcionar el obrero individual. A medida que el progreso desarrolla las potencias productivas del trabajo y hace, por lo tanto, que se saquen más productos de menos trabajo, el sistema capitalista desarrolla también los medios de sacar más trabajo del asalariado, bien prolongando su jornada o haciendo más intenso su trabajo, o de aumentar en apariencia el número de los trabajadores empleados, reemplazando una fuerza superior y más cara con muchas fuerzas inferiores, y muy baratas, es decir, el hombre con la mujer, el adulto con el niño, un obrero americano con tres chinos. He ahí diferentes métodos para disminuir la demanda del trabajo y hacer superabundante su oferta; en una palabra, para fabricar supernumerarios.

El exceso de trabajo impuesto a la parte de la clase asalariada que se halla en servicio activo, a los ocupados, engruesa las filas de los desocupados, de la reserva, y la competencia de estos últimos, que buscan naturalmente colocación, contra los primeros, ejerce sobre éstos una presión que los obliga a soportar con más docilidad los mandatos del capital.

Lo que determina el tipo general de los salarios

Lo que determina exclusivamente las variaciones en el tipo general de los salarios es la proporción diferente, según la cual la clase obrera se descompone en ejército activo y ejército de reserva, el aumento o la disminución del sobrante de población relativo correspondiente al flujo y reflujo del período industrial.

En vez de basar la oferta del trabajo en el aumento y la disminución alternativos del capital que funciona, es decir, en las necesidades momentáneas de la clase capitalista, el evangelio economista burgués hace depender de un movimiento en el número efectivo de la población obrera el movimiento del capital. Según su doctrina, la acumulación produce un alza de salarios que poco a poco hace que se aumente el número de los obreros, hasta el punto de que éstos obstruyen de tal manera el mercado, que el capital no basta ya para ocuparlos a todos a un tiempo. Entonces baja el salario. Este descenso es fatal para la población obrera, impidiéndole al menos aumentarse de tal forma que, a causa de corto número de obreros, el capital torna a ser superabundante, la demanda de trabajo comienza otra vez a ser mayor que la oferta, los salarios vuelven a subir, y así sucesivamente.

¡Y un movimiento de esta naturaleza sería posible con el sistema de producción capitalista! Pero antes de que el alza de los salarios hubiese provocado el menor aumento efectivo en la cifra absoluta de la población realmente apta para trabajar, se hubiera dejado transcurrir veinte veces el tiempo necesario para comenzar la campaña industrial, empeñar la lucha y conseguir la victoria. La reproducción humana necesita, por rápida que sea, en todo caso el intervalo de una generación para reemplazar a los trabajadores adultos. Ahora bien, el beneficio de los fabricantes depende principalmente de la posibilidad de explotar el momento favorable de una demanda abundante; es necesario que puedan inmediatamente, según el capricho del mercado, activar sus operaciones; es necesario que en seguida hallen en él brazos disponibles; no pueden aguardar a que su demanda en brazos produzca, mediante un alza de los salarios, un movimiento de población que les proporcione los brazos que necesitan. La expansión de la producción, en un momento dado, no es posible sino con un ejército de reserva a las órdenes del capital, con un sobrante de trabajadores aparte del aumento natural de la población.

Los economistas confunden las leyes que rigen el tipo general del salario y expresan relaciones entre el capital y la fuerza obrera, consideradas en conjunto, con las leyes que en particular distribuyen la población entre los diversos ramos de la industria.

Hay circunstancias especiales que favorecen la acumulación en este o en aquel ramo. En cuanto exceden los beneficios del tipo medio en uno de ellos, acuden a él nuevos capitales, la demanda de trabajo se deja sentir, se hace más necesaria y eleva los salarios. El alza trae una gran parte de la clase asalariada al ramo de industria privilegiado hasta que, por el hecho de que esta afluencia continúa, el salario vuelve a descender a su nivel ordinario o más bajo todavía. Desde este momento, no sólo cesa la invasión de aquel ramo por los obreros, sino que da lugar a su emigración hacia otros ramos de la industria. La acumulación del capital produce un alza en los salarios; este alza, un aumento de obreros; este aumento, una baja en los salarios y, por último, una disminución de obreros. Pero los economistas no tienen ninguna razón al proclamar como ley general del salario lo que no es más que una oscilación local del mercado del trabajo, producida por el movimiento de distribución de los trabajadores entre las distintas ramas de producción.

La ley de la oferta y la demanda es un engaño

Una vez convertido en eje sobre el cual gira la ley de la oferta y la demanda de trabajo, el sobrante relativo de población no le permite funcionar sino dentro de unos límites que no se opongan al espíritu de dominación y de explotación del capital.

Recordemos una teoría ya expuesta anteriormenete. Cuando una máquina deja sin ocupación a obreros hasta entonces ocupados, los utopistas de la economía política pretenden demostrar que esta operación deja disponible al mismo tiempo un capital destinado a emplearlos de nuevo en algún otro ramo de industria. Ya hemos demostrado que no sucede nada de eso; ninguna parte del antiguo capital queda disponible para los obreros despedidos; al contrario, son ellos los que quedan a disposición de nuevos capitales, si los hay. Y ahora

Lenin luchó por llevar a la práctica la filosofía de Karl Marx.

puede apreciarse cuán poco fundamento tiene la supuesta «teoría de compensación».

Los obreros destituidos por la máquina y que quedan disponibles, se hallan a disposición de todo nuevo capital a punto de entrar en juego. Que este capital los ocupe a ellos o a otros, el efecto que produce sobre la demanda general de trabajo será siempre nulo, si este capital puede retirar del mercado tantos brazos como a él han arrojado las máquinas. Si retira menos, el número de los desocupados aumentará al fin y al cabo: por último, si retira más, la demanda general de trabajo se aumentará sólo con la diferencia entre los brazos que atraiga y los que la máquina haya rechazado. El aumento que habría tenido la demanda general de brazos por efecto de nuevos capitales en vías de colocación, se encuentra en todo caso anulada hasta la ocupación de los brazos arrojados por las máquinas al mercado.

Ese es el efecto general de todos los métodos que contribuyen a formar trabajadores supernumerarios. Gracias a ellos, la oferta y la demanda de trabajo dejan de ser movimientos procedentes de dos polos opuestos, el del capital y el de la fuerza obrera. El capital influye simultáneamente en ambos polos. Si su acumulación aumenta la demanda de brazos, sabemos que aumenta también su oferta al fabricar supernumerarios. En estas condiciones, la ley de la oferta y de la demanda de trabajo completa el despotismo capitalista.

Así, cuando los trabajadores comienzan a notar que su función de instrumentos que hacen valer el capital es cada vez más insegura a medida que su trabajo y la riqueza de sus dueños aumentan, tan luego como echan de ver que la violencia mortífera de la competencia que entre ellos se hacen depende enteramente de la presión ejercida por los supernumerarios; tan luego como, a fin de aminorar el efecto funesto de esta ley «natural» de la acumulación capitalista, se unen para organizar la inteligencia y la acción común entre los ocupados y los desocupados, se ve inmediatamente el capital y a su defensor titular el economista burgués clamar contra semejante sacrilegio y contra tal violación de la «eterna» ley de la oferta y la demanda.

CAPÍTULO XIX

FORMACIÓN INTELECTUAL
DE KARL MARX

Consideramos de gran importancia el texto de Marx que reproducimos a continuación, extraído del prefacio de *Contribución a la crítica de la economía política*, escrito y editado en 1859, en el que expone públicamente su formación intelectual.

Mis estudios profesionales eran los de Jurisprudencia, de la que, no obstante, sólo me preocupé como disciplina secundaria, al lado de la Historia y, sobre todo, de la Filosofía. En 1842 y 1843, siendo redactor de La Gaceta Renana, *me vi por primera vez en el difícil trance de tener que opinar acerca de los llamados «intereses materiales». Los debates de la Dieta renana sobre la tala furtiva y la parcelación de la propiedad del suelo, la polémica oficial mantenida entre el señor Von Schaper, a la sazón gobernador de la provincia renana, y* La Gaceta Renana *acerca de la situación de los campesinos del Mosela y, finalmente, los debates sobre el libre cambio y el proteccionismo, fue lo que me movió a ocuparme por primera vez de temas económicos. Por otro lado, en aquellos tiempos en que el buen deseo de ir a la vanguardia superaba con mucho el conocimiento de la materia,* La Gaceta Renana *dejaba traslucir un eco del socialismo y del comunismo francés, teñido de un tenue matiz filosófico. Yo me declaré en contra de aquellas chapuzas, pero confesando al mismo tiempo sin rodeos, en una controversia con* La Gaceta General de Augsburgo, *que mis estudios hasta entonces no me permitían aventurar ningún juicio acerca del contenido propiamente dicho de las tendencias francesas. Lejos de esto, aproveché ávidamente la ilusión de los gerentes de* La Gaceta Renana, *quienes estaban convencidos de que suavizando la posición del periódico iban a conseguir que se revocase la sentencia de muerte decretada ya contra él, para retirarme de la escena pública a mi cuarto de estudio.*

Mi primer trabajo, emprendido para resolver las dudas que me asaltaban, fue una revisión crítica de la filosofía hegeliana del derecho, trabajo cuya introducción vio la luz en 1844 en Los Anales franco alemanes, *que se publicaban en París. Mi investigación desembocaba en el resultado de que, tanto las relaciones jurídicas como las formas de Estado no pueden comprenderse por sí mismas ni por la llamada evolución general del espíritu humano sino que radican, por el contrario, en las condiciones materiales de vida cuyo conjunto resume Hegel, siguiendo el precedente de los ingleses y franceses del siglo* XVIII, *bajo el nombre de «sociedad civil», y que la anatomía de la sociedad civil hay que buscarla en la Economía política. En Bruselas, a donde tuve que trasladarme en virtud de una orden de exilio dictada por el señor Guizot, proseguí mis estudios de Economía política empezados en París. El resultado general a que llegué y que, una vez obtenido, sirvió de hilo conductor a mis estudios, puede resumirse así: en la producción social de su vida, los hombres contraen determinadas relaciones necesarias e independientes de su voluntad, relaciones de producción, que corresponden a una determinada fase de desarrollo de sus fuerzas de producción materiales. El conjunto de estas relaciones productivas forma la estructura económica de la sociedad, la base real sobre la que se levanta la superestructura jurídica y política y a la que corresponden determinadas formas de conciencia social. El modo de producción de la vida material condiciona el proceso de la vida social, política y espiritual en general. No es la conciencia del hombre la que determina su ser, sino, por el contrario, el ser social es lo que determina su conciencia. Cuando se llega a una determinada fase de desarrollo, las fuerzas productivas materiales de la sociedad chocan con las relaciones de producción existentes, o, lo que no es más que la expresión jurídica de esto, con las relaciones de propiedad dentro de las cuales se han desenvuelto hasta allí. De formas de desarrollo de las fuerzas productivas, estas relaciones se convierten en trabas suyas. Y de esta forma se abre una época de revolución social. Al cambiar la base económica, se revoluciona, más o menos de forma rápida, toda la inmensa superestructura erigida sobre ella. Cuando se estudian esas revoluciones, hay que distinguir siempre entre los cambios materiales sucedidos en las condiciones económicas productivas y que pueden apreciarse con la exactitud propia de las ciencias naturales, y las formas jurídicas, políticas, religiosas, artísticas o filosóficas, en una palabra, las formas ideológicas en que los hombres adquieren conciencia de este conflicto y luchan por resolverlo. Y de la misma forma que no podemos juzgar a un individuo por lo que él piensa de sí, no podemos juzgar tampoco a estas épocas de revolución por su conciencia, sino que, antes al contrario, hay que explicarse esta conciencia por las contradicciones de la vida material, por el conflicto existente entre las fuerzas productivas sociales y las relaciones de producción. Ninguna formación social desaparece antes de que se desarrollen todas las fuerzas de producción que caben dentro de ella, y jamás aparecen nuevas y más altas relaciones de producción antes de que las condiciones materiales para su existencia hayan madurado en el seno de la propia sociedad antigua. Por eso, la humanidad se propone siempre única-*

mente los fines que puede alcanzar, pues, bien miradas las cosas, vemos siempre que estos objetivos sólo brotan cuando ya se dan o, por lo menos, se están gestando, las condiciones materiales para su realización. A grandes trazos, podemos designar como otras tantas épocas de progreso, en la formación económica de la sociedad, el modo de producción asiático, el antiguo, el feudal y el moderno burgués. Las relaciones burguesas de producción son la última forma antagónica del proceso social de producción; antagónica, no en el sentido de un antagonismo individual, sino de un antagonismo que proviene de las condiciones sociales de vida de los individuos. Pero las fuerzas de producción que se desarrollan en el seno de la sociedad burguesa brindan, a la vez, las condiciones materiales para la solución de este antagonismo. Con esta formación social se cierra, por lo tanto, la prehistoria de la sociedad humana.

Friedrich Engels, con el que yo mantenía una constante correspondencia en la cual intercambiábamos nuestras ideas desde la publicación de su genial bosquejo sobre la crítica de las categorías económicas publicado en Los Anales francoalemanes, *había llegado por distinto camino —véase su libro* La situación de la clase obrera en Inglaterra, *publicado en 1845—, al mismo resultado que yo. Y cuando, en la primavera de 1845 se estableció también en Bruselas, acordamos contrastar conjuntamente nuestro punto de vista con el ideológico de la filosofía alemana; en realidad, liquidar con nuestra conciencia filosófica anterior. El propósito fue realizado bajo la forma de una crítica de la filosofía poshegeliana. El manuscrito, dos gruesos volúmenes en octavo, llevaba ya la mar de tiempo en Westfalia, en el sitio donde había de editarse, cuando nos enteramos de que nuevas circunstancias imprevistas impedían su publicación. En vista de esto, entregamos el manuscrito a la crítica roedora de los ratones, muy de buen grado, ya que nuestro objeto principal, esclarecer nuestras propias ideas, ya se había conseguido. Entre los trabajos dispersos en que por aquel entonces expusimos a los lectores nuestras ideas, bajo unos u otros aspectos, sólo habré de citar el* Manifiesto Comunista, *redactado en colaboración entre Engels y yo, y un discurso sobre el libre cambio que yo publiqué. Los puntos decisivos de nuestra concepción fueron expuestos por vez primera, de forma científica, aunque sólo en forma polémica, en la obra* Miseria de la filosofía, *publicada por mí en 1847 y dirigida especialmente contra Proudhon. La publicación de un estudio escrito en alemán sobre el* Trabajo asalariado, *en el que recogía las conferencias explicadas por mí acerca de este tema en la Asociación Obrera Alemana de Bruselas, fue interrumpida por la revolución de Febrero, que trajo como consecuencia mi alejamiento forzoso de Bélgica.*

La publicación del diario Nueva Gaceta Renana *(1848-1849) y los acontecimientos que se desarrollaron posteriormente, interrumpieron mis estudios económicos, que no pude proseguir hasta 1850, en Londres. Los inmensos materiales para la historia de la Economía política acumulados en el Museo Británico, la posición tan favorable que brinda la capital londinense para la observación de la sociedad burguesa y, finalmente, la nueva fase de desarrollo en que parecía entrar ésta con el descubrimiento de oro en California y Australia, me impulsaron a volver a empezar desde el principio, abriéndome paso, de un modo crítico, a través de los nuevos materiales. Estos estudios me llevaban, a veces, por sí mismos, a campos aparentemente alejados y en los que tenía que detenerme durante más o menos tiempo. Pero lo que sobre todo me quitaba el tiempo de que disponía era la necesidad imperiosa de trabajar para sobrevivir. Mi colaboración desde hacía ya ocho años en el primer periódico anglo-americano, el* New York Daily Tribune, *me obligaba a desperdigar extraordinariamente mis estudios, ya que sólo en casos excepcionales me dedico a escribir para la prensa corresponsalías propiamente dichas. Los artículos sobre los acontecimientos económicos más sobresalientes de Inglaterra y el continente formaban una parte tan importante de mi colaboración, que esto me obligaba a familiarizarme con una serie de detalles de carácter práctico situados fuera de la órbita de la ciencia propiamente económica.*

Este esbozo sobre la trayectoria de mis estudios en el campo de la Economía política quiere simplemente demostrar que mis ideas, cualquiera que sea el juicio que hayan de merecer, y por mucho que choquen con los prejuicios interesados de las clases dominantes, son el fruto de largos años de concienzuda investigación.

CAPÍTULO XX

OBRAS DE KARL MARX

Cronología de las obras de Karl Marx según la fecha de su redacción:

1842-1843   *Crítica a la filosofía del Estado de Hegel*

1843   *Sobre la cuestión judía*

1843   *Contribución a la crítica de la filosofía del derecho de Hegel*

1844   *Manuscritos económico-filosóficos de 1844*

1845   *La sagrada familia* (en colaboración con Engels)

1845   *Tesis sobre Feuerbach*

1845-1846   *La ideología alemana* (en colaboración con Engels)

1847   *Miseria de la filosofía*

1848   *Manifiesto Comunista* (en colaboración con Engels)

1849   *Trabajo asalariado y capital*

1850   *La lucha de clases en Francia*

1851	*El 18 Brumario de Luis Bonaparte*
1857	*Introducción a la crítica de la economía política*
1857 y ss.	*Fundamentos de la crítica de la economía política*
1859	*Contribución a la crítica de la economía política*
1861-1863	*Historia de las teorías económicas*
1865	*Salario, precio y ganancia*
1865	*El Capital, vol. I*
1867 y ss.	*El Capital, vol. II*
1867 y ss.	*El Capital, vol. III*
1871	*La guerra civil en Francia*
1875	*Crítica del programa de Gotha*
1881-1882	*Glosas marginales al «Manual de economía política» de Adolph Wagner*

Tumba de Marx en el cementerio de Highgate en Londres, donde murió pobre el 14 de marzo de 1883.

181

CRONOLOGÍA

1818 — Nace Karl Marx el 5 de mayo en la ciudad de Tréveris.

1835 — Termina los estudios de bachillerato en el Instituto Friedrich Wilhelm, de Tréveris, y se matricula en la Universidad de Derecho de Bonn.

1836 — Karl Marx se compromete en secreto con Jenny von Westphalen.
— Se matricula en la Universidad de Berlín.

1837 — Se relaciona en el Club de Doctores con los hermanos Bauer, Köppen, Meyen y Rutenberg, entre otros.
— Pide a Jenny von Westphalen en matrimonio.

1838 — El día 10 de mayo muere su padre, Heinrich Marx.

1841 — Aunque no se presenta ante el tribunal, se doctora en Jena.

1842 — Empieza a trabajar como colaborador y luego como director en la *Rheinische Zeitung (La Gaceta Renana).*

1843 — Después de la prohibición de la edición del periódico, Marx se casa con Jenny en el mes de junio.
— Puesto en conversaciones con Ruge, se traslada con Jenny a París para colaborar en la publicación de la revista *Los Anales franco-alemanes.*

1844 — Empieza a trabajar en *Los Anales franco-alemanes.*
— Rompe sus relaciones amistosas con Ruge y traba amistad con Heine y Proudhon.
— Redacta los *Manuscritos económico-filosóficos.*
— Nace su hija mayor Jenny.
— Recibe a Engels, a finales de agosto, con quien permanecerá unos diez días, iniciándose una estrecha colaboración entre ambos personajes.

1845 — Llega a Bruselas después de ser expulsado de Francia.
— Entre julio y agosto realiza un viaje de estudios a Inglaterra con Engels.
— A finales de año empieza a escribir *La ideología alemana.*
— Nace su hija Laura.

1847 — Entra a formar parte de la Liga de los Comunistas. Participa, a comienzos de diciembre, en el segundo Congreso de la Liga en Londres.
— Nace su hijo Edgard.

1848 — Redacta, con Engels, el *Manifiesto Comunista*.
— A principios de marzo es expulsado de Bélgica.
— Se traslada a Colonia.
— En Colonia, funda, junto con Engels, la revista *Neue Rheinische Zeitung*, de la que Marx es redactor jefe.
— Se disuelve la Liga de los Comunistas.

1849 — Viaja a París y en agosto comienza su exilio en Londres.

1850 — Se crea de nuevo la Liga de los Comunistas.
— Karl Marx edita en Londres la *Neue Rheinische Zeitung. Politish-ökonomische Revue*, de la cual sólo aparecen cinco números.
— Se produce una escisión en la Liga de los Comunistas.

1851 — Inicia su colaboración en el *New York Tribune*.
— Muere su hijo Guido.

1852 — Redacta *El 18 Brumario de Luis Bonaparte* y *Los grandes hombres del exilio*.
— Tiene lugar el proceso de los comunistas en Colonia.
— Se disuelve definitivamente la Liga de los Comunistas.

1855 — Colabora en el *Neue Oder-Zeitung*.
— Nace su hija Eleanor, el 16 de enero.
— En el mes de abril muere su hijo Edgard.

1859 — Colabora en el periódico *Pueblo*, de Londres.

1861 — Visita a Lasalle en Berlín.
— Colabora en el *Presse* de Viena.

1863 — Fallece su madre, Henriette Marx.

1864 — El 28 de setiembre se inaugura de forma oficial la Asociación Internacional de Trabajadores.

1865 — Se celebra una conferencia de la Internacional en Londres.

1866 — Se celebra el primer Congreso de la Internacional, en Ginebra.

1867 — Segundo Congreso de la Internacional, en Lausana.

1868 — Tercer Congreso de la Internacional en Bruselas. Los seguidores de Bakunin se asocian en la «Alianza Internacional».

1869 — Cuarto Congreso de la Internacional en Basilea.
— En Eisaenach se reúne el Congreso del Partido Socialdemócrata.

1870 — Engels se traslada a Londres.

186

1871 — Colabora en el *Volksstaat* de Leipzig.
— Conferencia de la Internacional en Londres.

1872 — Ultimo Congreso de la Internacional en La Haya.
— Se toma la decisión de la exclusión de la Internacional de Bakunin.
— El Consejo General de la Internacional se traslada a Nueva York.

1876 — Muere Bakunin.

1881 — Muere su esposa, Jenny Marx.

1882 — Viaja a Argel, Suiza y Francia.

1883 — Muere su hija Jenny.
— El 14 de marzo fallece Karl Marx.

ÍNDICE